CAROLINE KRÜLL | DR. CHRISTIAN SCHMID-EGGER

SELBSTSICHER –

SO ÜBERZEUGEN SIE IN JEDER SITUATION

JETZT!

INHALT

VORWORT

Sie kennen bestimmt Anne. Anne ist Ihre langjährige Freundin und eine Art Superfrau. Wenn sie den Raum betritt, schauen alle auf. Ihr Gang wirkt elegant und gleichzeitig zielstrebig. Ihr Händedruck ist fest, ihr Blick direkt und offen. Was auch immer sie anpackt, gelingt ihr. Außerdem weiß sie jederzeit, was sie will. Sie ist eine interessante Gesprächspartnerin, ihre Meinung ist gefragt. Anne setzt sich im Gespräch leicht durch und ist dennoch überall beliebt. Sie haben noch nie erlebt, dass Anne von Selbstzweifeln geplagt wurde. Und wie könnte es anders sein, auch beruflich ist sie erfolgreich, hat einen attraktiven und erfolgreichen Mann, zwei wohlgeratene Kinder, ein vorzeigbares Auto und Haus. Anne gelingt einfach alles. Sie ist Ihr großes Vorbild.

Anne ist der Prototyp eines selbstsicheren Menschen.

Sie selbst wären gern wie Anne. Aber manchmal können Sie sich nicht durchsetzen. Sie lassen sich leicht einschüchtern. Oder Sie haben Angst, Ihre Meinung klar zu äußern und in einer Gruppe beziehungsweise im Gespräch mit Ihrem Partner die Initiative zu ergreifen. Sie denken, dass es Ihnen an Selbstvertrauen fehlt und dass Sie unsicher wirken.

Das hat ab jetzt ein Ende! Wir glauben, dass jeder Mensch Selbstsicherheit und Selbstvertrauen hinzugewinnen kann. Jeder von uns hat die Macht, sein Verhalten und seine inneren Einstellungen zu ändern. Dieser Veränderungsprozess ist Thema dieses Buches. Wir zeigen Ihnen Methoden und Techniken, mit denen Sie Schritt für Schritt Ihr Leben verändern können, bis Ihr Wunschziel erreicht ist. Dieser Veränderungsprozess kann schlagartig erfolgen – oder er passiert in kleinen Schritten.

Zusätzlich gehen wir auf die psychologischen Grundlagen des selbstsicheren Verhaltens ein. Denn jedes Verhalten hat eine Ursache, die meist tief in unserer Vergangenheit verborgen liegt. Durch die vielen Erfahrungen in unserem Leben wird das Verhalten in einer bestimmten Situation festgeschrieben, auch wenn es uns machmal stört. Doch sobald wir uns dessen bewusst sind, können wir unser Verhalten so verändern oder anpassen, wie wir es gern hätten.

Probieren Sie es einfach aus!

Ihre
Caroline Krüll und Dr. Christian Schmid-Egger

SELBST-SICHERHEIT –
JA *bitte!*

Jeder Mensch wird selbstsicher geboren.
Doch nicht jeder wird auch ein selbstsicherer Erwachsener. Erfahren Sie mehr
darüber, wie sich unsere Persönlichkeit im
Laufe unseres Lebens verändert. Testen Sie
außerdem Ihr eigenes Selbstbewusstsein.

Die sechs Selbstsicherheitsfallen

Unsichere Menschen zeichnen sich durch bestimmte Verhaltensweisen aus. Sie sind meist sehr gut darin, jedes bisschen Selbstsicherheit, das sich in ihrem Verhalten zeigt, sofort wieder selbst abzubauen. Folgende negative Denkmuster stecken dahinter:

1. **Ständiges Hinterfragen** des eigenen Handelns und vor allem der kleinen oder großen Erfolge sowie dauerhafte Zweifel an der eigenen Person. Das ist der gefährlichste und häufigste Selbstsicherheitskiller. Wer sich jeden Tag die Frage nach dem eigenen Wert stellt und zu dem Schluss kommt, dass er beziehungsweise sie wenig bis nichts wert sei, kann kein positives Selbstbild gewinnen, geschweige denn nach außen senden. Unweigerlich geht man unter diesem Einfluss an eine neue Aufgabe mit der Einstellung heran, dass diese sowieso nicht zu bewältigen sei. Damit ist das Scheitern programmiert. Zudem bestätigt sich dann auch sofort, was man bereits ahnte: Um den eigenen Wert ist es nicht wirklich gut bestellt.

2. **Sich alles gefallen lassen,** auch Ungerechtigkeiten und eine schlechte Behandlung widerspruchslos hinnehmen. Auf diese Weise signalisiert das Umfeld, wie wenig man wertgeschätzt wird – eine weitere Bestätigung für das mangelnde Selbstwertgefühl. Eine negativ geprägte Körpersprache fordert respektloses Verhalten zudem heraus: ein gesenkter Blick, wenn jemand eine Konfrontation sucht, ein beschwichtigendes Nicken oder ein schief gelegter Kopf, sobald eine leichte Aggressivität beim Gegenüber aufkommt. Auch wenn Sätze wie »Ja, Sie haben Recht!« oder »Natürlich stimme ich Ihnen zu!« dauerhaft eingesetzt werden und die eigene Meinung grundsätzlich zurückgestellt wird, droht die Gefahr, in die Selbstsicherheitsfalle zu tappen. Denn durch permanentes Nachgeben vermeiden Sie, als selbstsichere Person wahrgenommen zu werden.

3. **Abwehrhaltung gegenüber Lob und Erfolgen.** Es gibt Menschen, die sich sehr schwer damit tun, ein Lob, Komplimente oder Anerkennung anzunehmen. Oft geht damit auch Hand in Hand, dass diese Personen sich kaum

über Erfolge freuen können und diese sofort so lange analysieren, bis sie doch eine negative Komponente daran finden. Auch hier liegt mangelndes Selbstwertgefühl zugrunde: Ein Lob – das muss ein Irrtum oder Zufall sein, sie sind keinesfalls gut. Ein Kompliment über das gute Aussehen? Niemals. Intelligentes Handeln? Das ist sicher Schmeichelei. Sie kochen gut? Welch ein Irrglaube. Solche oder so ähnliche Gedankengänge blitzen hier sofort auf und das Lob wird kleingeredet. Überprüfen Sie sich selbst: Neigen Sie zu solchen Reaktionen? Dann sollten Sie Sätze wie »Ach, das hätte jeder gekonnt« oder »Nicht der Rede wert, das war kaum ein Aufwand für mich« konsequent aus Ihrem Sprachschatz streichen.

4. **Permanente Entschuldigungen** – ob angebracht oder nicht. Auch dies charakterisiert einen Menschen, dem es an Selbstsicherheit fehlt. Ein gutes Beispiel hierfür ist, wenn sich eine Gastgeberin, während sie das Essen für ihre Gäste serviert, erst einmal dafür entschuldigt, dass nicht alles nach Plan lief: Der Braten war zu lange im Ofen und könnte unter Umständen etwas zäh sein, außerdem wäre es möglich, dass eine Prise Salz fehlt, und zum Nachtisch kann leider kein selbst gemachtes Tiramisu angeboten werden, sondern nur – verbunden mit einer weiteren ausdrücklichen Entschuldigung – ein Durchschnitts-Eis aus dem Kühlregal. Auch dass der Wein nach Kork schmecken könnte, wird schon vor dem Einschenken der Gläser prognostiziert. Auf diese Weise wissen die Gäste gleich, was sie erwartet, und können sich auf die verminderten Gaumenfreuden einstellen. Solche Einladungen haben viele wahrscheinlich schon erlebt. Für beide Seiten ist die Situation unangenehm: Die Gastgeberin fühlt sich gefangen in der eigenen Unsicherheit und wird voller Angst jeden Bissen ihrer Gäste beobachten. Die Gäste wiederum fühlen sich im ständigen Zugzwang, die Zweifel aufzulösen und überschwänglich die Köchin, das Essen, den Wein … zu loben.

5. **Ständige Vergleiche der eigenen Person mit anderen,** vorzugsweise mit den Besten oder mit Prominenten. Dadurch liegt die Messlatte besonders hoch. Fakt ist jedoch: Es wird immer einen Menschen geben, der besser aussieht, mehr leistet, hübschere Kinder hat, intelligenter oder erfolgreicher ist. Stellt man sich gedanklich neben diese und hakt man eine imaginäre Checkliste der positiven Merkmale auf der einen Seite und der eigenen Defizite auf

der anderen Seite ab, kann man kaum umhin, die eigene Minderwertigkeit sofort festzustellen – ein klarer Tiefschlag für das Selbstwertgefühl. Manche Menschen suchen sich sogar bewusst Vorbilder heraus, die für sie unerreichbar bleiben müssen, zum Beispiel berühmte Persönlichkeiten. So wird es ihnen völlig unmöglich, ihr Defizit im Selbstwertgefühl loszuwerden, auch weil manche Promis in den Medien ja als perfekte Menschen dargestellt werden und damit gar nicht erreicht werden können.

6. **Häufige Kritik an der eigenen Person,** beispielsweise an Aussehen, Charakter, Arbeitsleistung usw. Egal, ob dies im stillen Kämmerlein geschieht oder gegenüber anderen Menschen, es wird sich sowohl nach innen wie nach außen auswirken. Wer sich innerlich kleinmacht und täglich neue Punkte an sich sucht, die ihm nicht gefallen, schmälert automatisch sein Selbstwertgefühl. Negative Reaktionen von Freunden, Kollegen oder innerhalb der Familie sind die zu erwartende Folge. Dies führt wiederum in einen Teufelskreis, in dem sich immer wieder bestätigt, wie unbedeutend man ist und wie schlecht es einem geht. Zur Kritik an der eigenen Person zählen auch die inneren Dialoge, die wir ständig führen. Viele Menschen reden sich im Selbstgespräch permanent ein, wie wenig sie in Wirklichkeit wert sind. Damit reduzieren sie ihr Selbstwertgefühl sehr stark, weil diese Selbstgespräche direkt das Unterbewusstsein beeinflussen.

➡ *WISSENSWERTES*

Kommt Ihnen diese Liste bekannt vor? Sie benennt vieles natürlich in überspitzter Form. Doch in unserer täglichen Praxis als Coachs stellen wir immer wieder mit Erschrecken fest, dass viele Menschen nach genau diesen Punkten leben. Wenn Sie sich jedoch jeden Tag selbst infrage stellen, sich alles gefallen lassen oder sich permanent für etwas entschuldigen, wird Ihr Selbstwertgefühl enorm leiden. Daher ist es aus unserer Sicht so wichtig, zunächst sein alltägliches Verhalten zu hinterfragen und sich klarzumachen, wo die großen Blockaden für ein selbstsicheres und selbstbestimmtes Leben liegen. Mit dem oben geschilderten Verhalten verhindert man, dass sich ein gesundes Selbstvertrauen aufbauen kann. Selbstvertrauen und Selbstsicherheit bilden jedoch die Grundvoraussetzung für ein zufriedenes und glückliches Leben.

Woher kommt die Unsicherheit?

Woran liegt es, dass so viele Menschen Probleme mit ihrem Selbstwertgefühl haben? Ist mangelndes Selbstbewusstsein bereits angeboren? Oder wird es erst später im Leben erworben?

Unsicherheit ist kein angeborener Zustand. Ganz im Gegenteil, jeder Mensch wird mit einer gehörigen Portion Selbstwertgefühl geboren. Beobachten Sie doch einmal ein Baby: Wenn es Hunger oder Durst hat, tut es dies einfach durch sein Schreien kund. Ohne Bedenken stellt sich das Kind dabei in den Mittelpunkt der Welt, ganz selbstverständlich und ohne jemanden um Erlaubnis zu fragen.

Auch Kleinkinder sind meist noch sehr selbstsicher. Sie haben keine Probleme, vor Gruppen zu sprechen, das in Worte zu fassen, was sie möchten, oder fremde Menschen zu duzen. Kinder reden meist laut und nehmen am Spielplatz ohne Scheu Kontakt zu anderen Spielkameraden auf, während ihre Eltern oft gehemmt daneben sitzen und sich nicht trauen, einfach mal eine andere Mutter oder einen Vater anzusprechen.

Irgendwann ändert sich dieses natürliche kindliche Verhalten. Die Schule des Lebens beginnt. Mit zunehmendem Alter konfrontieren Eltern, ältere Geschwister, Verwandte, Erzieher oder Lehrer das Kind mit seinen Schwächen. Das Verhalten des Kindes wird auf einmal nicht mehr wertfrei gesehen, sondern in gut und schlecht eingeteilt. Dies wird dem Kind nun vermittelt. Leider überwiegt in vielen Erziehungssystemen die negative Bewertung und das Lob kommt viel zu kurz. Plötzlich bekommt das Kind nun zu hören: »Mach deine Hose nicht dreckig, das ist schlecht« oder »Benimm dich ordentlich, dein Betragen ist schlecht«. Im Verlauf der Zeit überhört das Kind oft den ersten Teil des Satzes und es kommt nur

 ## ÜBUNG: *Die Adlerperspektive*

Mit dieser Übung können Sie lernen, sich und andere Menschen besser zu beobachten und das Verhalten besser zu verstehen. Es gibt drei Positionen, aus der wir die Welt sehen können. Einmal ist dies die Eigenperspektive, also Ihre eigene Position. Die meisten Menschen befinden sich ausschließlich in der Eigenperspektive, das heißt, sie sehen die Welt immer nur aus ihren eigenen Augen.

Daneben gibt es die Fremdperspektive, die Sicht Ihres Gegenübers. Verändern Sie in einem Gespräch doch einmal Ihre Wahrnehmung und versuchen Sie, sich zwischendurch kurz aus der Sicht Ihres Gesprächspartners zu sehen. Was nimmt dieser wohl wahr, wenn er sich mit Ihnen unterhält? Vielleicht sieht er (wir übertreiben jetzt bewusst) eine ängstliche, unsichere, gehemmte Person, die überhaupt keine Power hat, ihn zu überzeugen? Automatisch stellt sich die Frage: Warum soll er dieser Person im Gespräch entgegenkommen?

Wenn Sie diesen Blickwinkel eingenommen haben, werden Sie besser einschätzen lernen, was in einem Gespräch gut und was schiefläuft; entsprechend können Sie dann Ihr eigenes Verhalten anpassen beziehungsweise ändern. Außerdem ermöglicht Ihnen die Fremdperspektive, Ihren Gesprächspartner besser zu verstehen. Sie gewinnen ein Gefühl dafür, was diesen bewegt, welches seine Motive sind und wie Sie ihn dazu bewegen können, Ihnen das zuzugestehen, was Sie brauchen. Ein indianisches Sprichwort beschreibt diese Technik treffend: »Du musst erst eine Weile in den Mokassins deines Partners laufen, damit du ihn überhaupt verstehen kannst.«

Die dritte Wahrnehmungsposition ist die Adlerperspektive. Stellen Sie sich dazu vor, dass Sie wie ein Adler oben an der Decke schweben. Am Boden sehen Sie sich selbst und Ihren Gesprächspartner und können die Situation beobachten. Was fällt Ihnen auf? Wie verhalten sich die beiden, wie agieren sie, wie ist das Verhältnis zwischen ihnen? Aus dieser Distanz heraus können Sie Dinge wahrnehmen, die Sie weder in der Eigen- noch in der Fremdperspektive sehen. Ihnen fällt beispielsweise auf, wie der Abstand der beiden Personen ist. Vielleicht können Sie auch die Stimmung zwischen den beiden besser beurteilen. Die Adlerperspektive ist ein sehr wirksames Instrument, das eigene Verhalten zu beurteilen und zu steuern.

Indem Sie sich bewusst aus der Eigenperspektive ausklinken, können Sie die beiden anderen Blickrichtungen einnehmen. Konzentrieren Sie sich dabei nur auf eine der Varianten, zum Beispiel auf die Adlerperspektive. Versuchen Sie es einmal. Wir empfehlen jedoch, in Gesprächen nur fünf bis zehn Prozent Ihrer Aufmerksamkeit auf die Adler- oder Fremdperspektive zu verwenden. Das genügt vollkommen und Sie erhalten damit ein wirksames Instrument, um Ihr Verhalten wahrzunehmen, zu steuern und gegebenenfalls zu verändern.

Wer die Welt nur aus der Eigenperspektive betrachtet, tut sich schwer damit, andere Menschen und deren Beweggründe zu verstehen. Er wird auf andere häufig mit Unverständnis reagieren und vermutlich wenig tolerant gegenüber unbekannten Verhaltensweisen sein. Also: Wandern Sie erst einmal mit den Schuhen eines anderen Menschen, um seine Verhaltensweisen nachvollziehen zu können.

noch an: »Du bist schlecht.« Oder: »Du taugst nichts.« Manchmal unterstützen Eltern ihre Erziehungsmaßnahmen auch mit unangemessenen Strafen oder Liebesentzug. Das Kind lernt daraus, dass es wohl minderwertig ist. Diese Erkenntnis verankert sich im Bewusstsein und wird zum sogenannten Glaubenssatz, der die weitere Entwicklung des jungen Menschen prägt. Später wirkt sich dieser neue Glaubenssatz mit großer Wahrscheinlichkeit auf sein Verhalten aus. Das kann beispielsweise dazu führen, dass er sich häufig zurückhält, sich weniger zutraut, mehr Fehler macht und in der Folge öfter versagt als seine früheren Spielkameraden, die von ihren Eltern mehr positive Unterstützung erfahren haben. Er erfährt eine negative Bestätigung nach der anderen von seiner Umgebung – ein Teufelskreis beginnt.

In der Schule kommt es dann oft noch dicker: Aus einer schlechten Note in Mathe oder in Deutsch wird dann schnell persönliches Versagen. Lehrer und Eltern arbeiten dabei nicht selten Hand in Hand. Das Kind wird Stück für Stück demoralisiert. Eine mögliche Folge ist, dass ein Kind, das mit dem Bruchrechnen nicht zurechtkommt, sich unter Umständen auch noch von seinen Kernkompetenzen wie Lesen oder kreativem Arbeiten zurückzieht. Das Gefühl, grundsätzlich ein Versager zu sein, überwiegt in diesem Fall dann auf der ganzen Linie. Sie glauben, wir übertreiben? Leider nicht. Diese Vorgänge spielen sich in der Regel jedoch sehr subtil ab, sodass sie von der unmittelbaren Umgebung des Kindes kaum wahrgenommen werden. Zudem sind die meisten Menschen kaum darauf trainiert, Verhalten anderer bewusst zu beobachten und zu interpretieren.

Bei Menschen, denen es an Selbstsicherheit mangelt, hat der Prozess der schleichenden Demoralisierung oft schon sehr früh begonnen. Wenn dieser Teufelskreis aus Demoralisierung, persönlichem Versagen und der daraus resultierenden Bestätigung der eigenen Minderwertigkeit einmal in Gang gesetzt ist, ist es schwer, ihn aufzuhalten. In der Pubertät werden negative Glaubenssätze meist sogar noch weiter verstärkt. Im Alter von 15 bis 16 Jahren ist das Verhalten der jungen Erwachsenen dann weitgehend festgelegt.

Natürlich wird nicht jedes Kind so erzogen. Zum Glück geben immer mehr Eltern ihrem Kind vor allem positive Ressourcen mit und sorgen dafür, dass es die optimale Selbstbestätigung bekommt. Sie stärken damit sein Selbstwertgefühl und bringen ihm vor allem bei, situationsgebundenes Verhalten und Charaktereigenschaften zu trennen. Ein Kind wird dadurch in die Lage versetzt, Misserfolge als das zu sehen, was sie wirklich sind: Ereignisse, die einfach passieren, die aber nicht mit der eigenen Persönlichkeit zusammenhängen. Nach unserer Erfahrung erleben besonders die Kinder von selbstbewussten Eltern diese Art von Erziehung, während Eltern mit mangelndem Selbstwertgefühl oft dazu neigen, genau dieses eigene Defizit auch an ihre Kinder weiterzugeben. Sie erziehen unbewusst nach denselben Mustern, denen sie selbst als Kind durch ihre Eltern auch ausgesetzt waren.

Natürlich sind wir diesen Einflüssen nicht willenlos ausgeliefert. Es gibt Kinder, die relativ resistent gegenüber Kritik und Demotivation sind. Sie wissen schon früh, was sie wollen, und werden im Leben ihren Weg gehen. Andere sind dagegen von Natur aus sehr empfindlich und werden sich schon leise Kritik sehr stark zu Herzen nehmen und darauf reagieren. Dies hängt von der individuellen Veranlagung ab, also von den Eigenschaften, die wir in unserer Persönlichkeit von Geburt an mitbringen.

Jeder Mensch ist bereits von Geburt an mit sehr unterschiedlichen Persönlichkeitsmerkmalen ausgestattet. Diese sehr vielschichtigen frühkindlichen Verhaltensmuster treffen nun auf verschiedenartige Erziehungsstile, unterschiedliche Persönlichkeitsmerkmale und auch -defizite von Eltern oder Erziehern, auf Großfamilien, Kleinfamilien und vieles mehr. Alle diese Faktoren formen die Persönlichkeit des heranwachsenden Menschen. Sie können selbstsichere und starke Menschen hervorbringen, die unbeirrt ihren Weg gehen und ein erfülltes Leben führen. Aber sie produzieren ebenso auch unsichere Menschen mit mangelndem Selbstwertgefühl, die oft unzufrieden mit sich und ihrem Leben sind. Zwischen diesen beiden Extremtypen gibt es eine weite Spanne von Misch-Charakteren, die alle möglichen Ausprägungen von Selbstsicherheit zeigen.

> ➥ *WISSENSWERTES*
>
> *Ebenso wie positive Unterstützung muss ein Kind auch Grenzen erfahren. Diese Erfahrung ist für seine Entwicklung sogar unerlässlich. Entscheidend ist jedoch, wie Eltern diese Grenzen vermitteln. Wenn man bei einem entsprechenden Anlass kräftig und lautstark mit seinem Kind schimpft oder für den Wiederholungsfall klar definierte Konsequenzen androht, die dann auch umgesetzt werden, ist das völlig in Ordnung. Im Gegenzug muss das Kind jedoch spüren, dass die Eltern hinter ihm stehen und ihm alle Zuneigung und Bestätigung geben, die es braucht. Nur dann fühlt es sich sicher und lernt, sein angeborenes Selbstbewusstsein weiterzuentwickeln. Lob und positive Bestätigung bei entsprechenden Anlässen sind daher unerlässlich.*

 ÜBUNG: *Tagebuch*

Beobachten Sie sich selbst eine Woche lang und »sammeln« Sie Ihr unsicheres Verhalten. Schreiben Sie täglich auf, in welchen Situationen Sie sich gern anders verhalten hätten oder wo Sie an einer Aufgabe gescheitert sind, weil Sie sich nicht durchsetzen konnten. Legen Sie hierzu ein Tagebuch an, achten Sie dabei aber darauf, dass dies privat bleibt und niemand anders außer Ihnen selbst darauf Zugriff hat. Auch wenn das Aufschreiben der eigenen Misserfolge manchmal schmerzhaft sein kann, erhalten Sie auf diese Weise einen Überblick über Ihr tatsächliches Verhalten. Das ist wichtig, denn nur wenn Sie Ihr eigenes Verhalten kennen, können Sie es auch ändern.
Werten Sie Ihre Beobachtungen nach dieser Woche aus, indem Sie versuchen, Gemeinsamkeiten in den Fällen oder zumindest häufig wiederkehrende kritische Situationen zu erkennen. Sobald Sie bestimmte Muster identifiziert haben, können Sie diese in den weiteren Kapiteln dieses Buches als Ihre eigenen Praxis- und Übungsbeispiele verwenden.

Wenn Sie Ihr Selbstbewusstsein verändern wollen, spielen die Ursachen für mangelnde Selbstsicherheit keine wesentliche Rolle. Jeder Mensch kann sein Leben an jedem beliebigen Punkt ändern, wenn er es möchte. Ja, wir empfehlen sogar, diese Ursachen erst gar nicht zu hinterfragen, denn sie liegen in der Vergangenheit und die können Sie sowieso nicht mehr ändern. Sie ist abgeschlossen, warum also noch lange darüber nachdenken? Das Ziel ist ja vielmehr, etwas in der Zukunft zu ändern. Darum sollten Sie sich auch mit der Zukunft beschäftigen. Lassen Sie die alten Geschichten ruhen und lenken Sie Ihre Energie auf Ihr neues, erfolgreiches Verhalten.

Die Lebenseinstellung

Ihr Erfolg im Leben und Ihre Fähigkeit, Selbstvertrauen auszustrahlen, hängen im Wesentlichen von Ihrer Grundeinstellung zum Leben ab. Es gibt vier zentrale und unterschiedliche Grundeinstellungen, welche die Basis für jede Persönlichkeitsausprägung bilden. Mit der Analyse Ihrer eigenen Grundeinstellung erhalten Sie ein Werkzeug, um Ihr Verhalten besser verstehen und ändern zu können. Dies ist der erste wichtige Schritt zu einem selbstbestimmten Leben.

TEST: *Ermitteln Sie Ihre Lebenseinstellung*

Mit dem folgenden Test können Sie Ihre eigene Lebenseinstellung ermitteln. Kreuzen Sie dazu bei den beiden folgenden Statements Ihre eigene Einschätzung an. Stellen Sie sich am besten einige konkrete Situationen vor, bei denen Sie in der letzten Zeit mit Menschen zu tun hatten, und antworten Sie ehrlich.

	Trifft zu	Trifft meistens zu	Trifft kaum zu	Trifft nicht zu
Statement 1 Ich selbst bin okay				
Statement 2 Andere Menschen sind für mich okay				

Ordnen Sie Ihr Ergebnis nun in die folgende Tabelle ein:

	Statement 1	Statement 2
Trifft zu oder trifft meistens zu	(A)	(B)
Trifft kaum oder nicht zu	(C)	(D)

Ihr Ergebnis:

AB = Grundeinstellung 1
AD = Grundeinstellung 2
CB = Grundeinstellung 3
CD = Grundeinstellung 4

Lesen Sie hier nun nach, was die Grundeinstellungen bedeuten:

Grundeinstellung 1
Ich bin in Ordnung und andere sind auch in Ordnung

Wenn Sie diese Grundeinstellung besitzen, verfügen Sie über ein gutes Selbstwertgefühl. Sie trauen sich und anderen Menschen zu, im Leben gut zurechtzukommen
und Probleme und Schwierigkeiten zu bewältigen. Natürlich werden Sie eine solche
Haltung nicht in jeder Lebenslage einnehmen können, aber selbst in Krisen oder kritischen Situationen gewinnt sie schnell wieder die Oberhand. Diese Haltung ist erstre-
benswert, denn sie befähigt zu einem selbstbestimmten und erfüllten Leben.

Grundeinstellung 2
Ich bin in Ordnung, aber andere sind nicht in Ordnung

Menschen, die nach dieser Einstellung leben, trauen anderen in der Regel weniger zu
als sich selbst. Oftmals brauchen sie sogar das Gefühl, anderen überlegen zu sein.
Ständig fallen sie damit auf, dass sie andere belehren, Ratschläge erteilen oder unge-
betene Kritik äußern.
Hinter einer solchen Haltung steckt oftmals mangelndes Selbstbewusstsein, welches
diese Menschen jedoch kompensieren, indem sie andere dazu benutzen, ihnen ihre
eigene Überlegenheit ständig zu beweisen. Sie treten damit die Flucht nach vorn an
und überdecken die eigenen Minderwertigkeitsgefühle durch Aktion. Durch ein solches
Verhalten wird sich jedoch nichts an den eigenen Gefühlen ändern.
Menschen mit dieser Grundeinstellung können lernen, andere stärker anzuerkennen,
Dinge loszulassen und damit Schritt für Schritt mehr Selbstvertrauen zu erwerben.

Grundeinstellung 3
Ich bin nicht in Ordnung, aber die anderen sind in Ordnung

Menschen mit dieser Grundeinstellung finden stets Menschen in ihrer Umgebung, die
schöner, klüger, besser oder erfolgreicher sind. Sie selbst fühlen sich gegenüber solchen Zeitgenossen minderwertig. In der Regel besitzen diese Personen ein sehr schlecht
ausgebildetes Selbstvertrauen. Häufig neigen solche Menschen dazu, sich anderen
anzupassen oder sich manipulieren zu lassen. Sie halten sich oft zurück und haben
Angst davor, eine klare Position zu beziehen oder anderen Menschen zu widersprechen.
Eine solche Lebenseinstellung zeigt sich im Leben als wenig hilfreich. Entwicklungsziel
einer Person mit dieser Grundeinstellung sollte sein, das eigene Selbstwertgefühl zu
erhöhen.

Grundeinstellung 4
Ich bin nicht in Ordnung und die anderen sind auch nicht in Ordnung

Wer zu dieser Grundeinstellung neigt, sieht sich selbst und die Welt sehr negativ.
Leider gibt es nicht wenige Menschen, die so denken. Sie wirken auf andere depri-
miert, desillusioniert und lassen Fröhlichkeit und Heiterkeit vermissen.
Ihr Entwicklungsziel muss sein, sich aus dieser Sicht zu befreien und die positiven
Aspekte an sich selbst, aber auch an anderen Menschen schätzen zu lernen.

Was ist Selbstsicherheit?

In diesem Kapitel werden wir Ihnen zwei Frauen vorstellen. Beide leben irgendwo in Deutschland und könnten Ihre Nachbarin oder beste Freundin sein. Beide Frauen leben in sehr ähnlichen Verhältnissen, sind in ihrem Verhalten jedoch sehr unterschiedlich. Sonja wirkt unsicher, gehemmt und schüchtern. Katja hingegen agiert selbstsicher, kommunikativ und zielorientiert. Beide Frauentypen sind natürlich Modellcharaktere. Sonja stellt den Ausgangspunkt in diesem Buch dar, eine Person, die Sie vielleicht besonders gut kennen, weil Sie sich selbst ganz oder teilweise in ihr wiedererkennen. Katja steht für das Ziel dieses Buches. Auch diese Persönlichkeit werden Sie schon kennen, weil Sie sich vielleicht bereits mit ihren erstrebenswerten Eigenschaften beschäftigt haben. Wir haben beide Charaktere stark überzeichnet, damit Sie die Unterschiede deutlich erkennen und damit arbeiten können. Unser tatsächliches Verhalten wird sich immer in der Grauzone zwischen Sonja und Katja abspielen.

Beispielcharakter 1: Sonja, die Unsichere

Sonja ist 32, ausgebildete Chefassistentin und hat in einem mittelständischen Betrieb gearbeitet. Die Mutter zweier kleiner Kinder ist derzeit nicht berufstätig und lebt in einer mittelgroßen deutschen Stadt. Würde man Sonja fragen, ob sie mit ihrem Leben zufrieden ist, würde sie dies bestimmt bejahen. Doch schaut man etwas genauer hin, ist es schwer vorstellbar, dass diese Aussage der Wahrheit entspricht:

Sonja ist mit Christoph verheiratet. Christoph ist Lehrer und gilt unter Schülern und Kollegen als streng und leicht aufbrausend. Auch zu Hause bestimmt er meist, was in der Freizeit gemacht wird, wo es im Urlaub hingeht und welche Freunde eingeladen werden. Sonja gibt gegenüber ihrem Ehemann schnell nach; Konfrontationen liegen ihr nicht. Auch wenn sie zuweilen versucht, eigene Ideen durchzusetzen, scheitert sie doch meist schnell an Christophs lauten Worten. Inzwischen hat sie sich damit arrangiert.

Auch von außen sieht man Sonja an, dass sie zurückhaltend ist. Ihre Körperhaltung wirkt nach vorn gebeugt, ihre Schultern sind zusammengezogen, ihre Arme hält sie oft vor dem Körper verschränkt. Ihr Kopf befindet sich meist in Schräglage. Im Gespräch vermeidet sie den direkten Blickkontakt mit ihrem

Gegenüber. Wenn Sonja einen Raum betritt, bleibt sie meist am Rand stehen und macht sich klein. Sie hat sich daran gewöhnt, von den Anwesenden kaum wahrgenommen zu werden.

Im Alltag konzentriert sich Sonja am liebsten auf ihre Aufgaben als Ehefrau und Mutter. Obwohl ihr schon verschiedene ehrenamtliche Tätigkeiten, zum Beispiel in der Schule oder im Sportverein, angetragen wurden, lehnt sie weiteres Engagement ab. Das erscheint ihr grundsätzlich als zu viel Verantwortung. Nach außen hin rechtfertigt sich die junge Frau meist mit Ausflüchten wie fehlende Zeit, in Wirklichkeit hat sie jedoch schlichtweg Angst davor, sich der neuen Aufgabe zu stellen. Besonders die Gespräche mit Autoritätspersonen, die sie im Rahmen ihrer Tätigkeit erwartet, lassen sie zurückschrecken.

Beispielcharakter 2: Katja, die Selbstsichere

Dann gibt es Katja. Sie ist ebenfalls 32 Jahre alt, ausgebildete Werbekauffrau, verheiratet und hat auch zwei kleine Kinder. Katja lebt in derselben Stadt wie Sonja. Die beiden Frauen gingen schon zusammen in den Kindergarten und sind immer noch gute Freundinnen. Ihre ältesten Kinder gehen gemeinsam in die erste Klasse, die beiden jüngeren in denselben Kindergarten.

Selbstbewusste Menschen erkennt man leicht an der Körperhaltung und an ihrem direkten Blick.

Katja ist mit Stephan verheiratet. Ihre Ehe ist von einer intensiven Kommunikation und Aufgabenteilung geprägt. Solange sie im Erziehungsurlaub ist, übernimmt Katja gern die kleineren und größeren Organisationen für die Familie. Entscheidungen fällt man im Familienrat gemeinsam.

Trotz eines ähnlichen Lebensumfelds und vergleichbarer Familienstrukturen wirkt Katja ganz anders als Sonja: Ihr äußeres Erscheinungsbild zeigt eine Frau mit aufrechter Haltung, gestrafften Schultern, hoch erhobenem Kopf und einem klaren Blick. Ihr Gang ist schnell, bestimmt und fest. Wenn Katja einen Raum betritt, nehmen sie die Anwesenden sofort wahr. Sie sieht den Menschen direkt in die Augen und hält dabei auch einem prüfenden oder kritischen Blick stand.

Katja weiß, was sie will. In der Kindertagesstätte ist sie Elternsprecherin und hat durchgesetzt, dass dort Bio-Obst für die Nachmittagsvesper eingekauft wird. Leicht war es nicht, da die Kindergärtnerinnen diese Veränderung scheuten, aber die engagierte Mutter blieb am Ball und überzeugte in zahlreichen Gesprächen schließlich die Leitung. Und auch im Freundeskreis ist Katja sehr beliebt, weil sie eine klare und offene Art hat und man sich auf sie verlassen kann. Wenn sie etwas zusagt, bleibt es auch dabei. In den kleinen Problemgesprächen zwischen Freundinnen vertritt sie stets ihre eigene Meinung und bezieht klar Position. Sie scheut sich auch nicht, ihre Gedanken offen auszusprechen. Beim letztjährigen Jubiläum im Sportverein hat Katja eine kleine Rede gehalten.

Was ist der Unterschied zwischen den beiden Frauen? Rein äußerlich sowie von

 ## ÜBUNG: *Von anderen lernen*

Beobachten Sie selbstsicheres Verhalten bei anderen Menschen: Schreiben Sie eine Woche lang einmal täglich all die Begebenheiten auf, bei denen Sie selbstbewusste Menschen und selbstbewusstes Verhalten beobachten konnten. Schreiben Sie dazu, wie diese Menschen genau verhalten haben. Was haben sie gemacht? Wie sind sie aufgetreten?
Analysieren Sie auch diese Beobachtungen nach dieser Woche und verbinden Sie sie mit der Liste, in der Sie Ihre Selbstbeobachtungen erstellt haben. Fragen Sie sich: War ich selbst in einer ähnlichen Situation? Wie hat sich jemand, den ich beobachtet habe, verhalten? Wie hätte ich mich in meiner eigenen Situation anders verhalten können?

der Ausbildung, dem sozialen Umfeld und den Lebensumständen her ähneln sie sich stark. Dennoch wirken beide auf Außenstehende völlig unterschiedlich: Katja wird als selbstsicher wahrgenommen, Sonja als unsicher.

Diese Selbstsicherheit beziehungsweise Unsicherheit macht sich auf vielen Ebenen bemerkbar. In ihrem Verhalten wird die selbstsichere Katja auffallen durch Tatkraft, Zielstrebigkeit und den damit verbundenen Erfolg. Im direkten Gespräch wirkt sie auf ihre Gesprächspartner offen und klar. Sie vermittelt den Eindruck, dass sie weiß, was sie will. Auch ihr äußeres Erscheinungsbild und ihre Körpersprache strahlen diese Selbstsicherheit aus.

Sonja hingegen erscheint im direkten Gespräch eher unsicher. Daher trauen ihr sowohl ihr Mann wie auch Freunde und Kollegen wenig zu und nehmen sie nicht wirklich ernst. Oft wird sie gar nicht erst in schwierige Entscheidungen mit einbezogen. Ihre Gesprächspartner werden wenig Mühe haben, etwas bei ihr durchzusetzen. Um Konflikten aus dem Weg zu gehen, bemüht sich Sonja jedoch auch nicht darum, dies zu verhindern oder klare, unter Umständen unbeliebte Aussagen zu treffen.

Auch innerlich dürfte es bei den beiden Frauen sehr verschieden aussehen: Katja wird vermutlich im Großen und Ganzen mit sich zufrieden sein. Natürlich wird es auch in ihrem Leben Baustellen und Stolpersteine geben, doch sie kann damit gut umgehen und konzentriert sich vor allem auf die positiven Aspekte. Außerdem ist sie sich ihrer Stärken bewusst. Ihre Lebenseinstellung lässt sich mit dem Satz zusammenfassen: »Ich weiß, dass ich wertvoll bin, weil ich schon viel in meinem Leben erreicht habe und auch in Zukunft erreichen werde. Ich gestalte mein Leben selbst und bestimme allein darüber.«

Ganz anders hingegen bei Sonja: Sie ist unzufrieden mit sich und wünscht sich, anders zu sein. Darunter leidet sie. Negative Erfahrungen, die sie reichlich macht, verstärken ihre Unzufriedenheit. Und kleine positive Erlebnisse, die sie natürlich ebenfalls hat, nimmt Sonja kaum noch wahr oder schiebt sie gleich wieder weg. Sie will gar nicht glauben, dass diese auch zu ihrem Leben gehören könnten. Ihre innerste Lebenseinstellung sieht so aus: »Ich bin klein und schwach. Niemand braucht mich und niemand hat mich so richtig lieb. Ich bin unnütz und kann nichts Wesentliches. Daran wird sich auch nichts mehr ändern.«

Dieses Beispiel gilt übrigens für beide Geschlechter, Sonja und Katja könnten ebenso auch Thomas und Peter heißen. Selbstsicherheit oder der Mangel davon ist zwischen beiden Geschlechtern gleichmäßig verteilt.

TEST: *Wie selbstsicher bin ich?*

Im folgenden Test erfahren Sie, wie es um Ihre Selbstsicherheit steht. Vergeben Sie bei jeder Frage 1 bis 5 Punkte. Wenn die Frage vollständig zutrifft, vergeben Sie bitte 5 Punkte, wenn sie gar nicht zutrifft, nur einen Punkt. Wenn Ihre Einschätzung dazwischen liegt, vergeben Sie 2 bis 4 Punkte. Dieser Test wird Ihnen nur dann ein aussagekräftiges Ergebnis liefern, wenn Sie die Fragen ehrlich und spontan beantworten. Sie können sich die Beantwortung der jeweiligen Frage erleichtern, wenn Sie sich ein Erlebnis ins Gedächtnis rufen, welches zur Frage passt und das Sie in letzter Zeit hatten.

5 Trifft voll zu – 4 Trifft meist zu – 3 Trifft teilweise zu – 2 Trifft kaum zu – 1 Trifft nicht zu.

1. Ich vergleiche mich oft mit anderen.

2. Bei diesem Vergleich schneide ich meist selbst schlecht ab.

3. Mir ist es sehr wichtig, von anderen anerkannt zu werden.

4. Ich habe Angst vor Misserfolgen und halte mich deswegen lieber zurück.

5. Ich muss immer perfekt sein.

6. Mir ist es sehr wichtig, wie andere über mich denken.

7. Wenn andere mich um etwas bitten, kann ich nur schwer Nein sagen.

8. Ich beneide erfolgreiche Personen.

9. Ich glaube, dass ich eher ungeliebt bin.

10. Ich denke oft, dass ich versagt habe.

11. Mir ist es peinlich, wenn ich gelobt werde.

12. Ich kann Schwäche nicht zugeben.

13. Ich zweifle sehr oft an mir.

14. Ich fühle mich unwohl, wenn ich in den Spiegel schaue.

15. In Gruppen halte ich mich eher im Hintergrund.

16. Ich glaube, dass man sich keine Blöße geben sollte.

17. Ich ärgere mich sehr häufig über mich.

18. Wenn mich fremde Leute auf Partys ansprechen, fühle ich mich im ersten Moment unwohl.

19. In Gesprächen mache ich mir oft Gedanken, wie mein Äußeres ankommt.

20. Wenn andere über mich reden, sprechen sie bestimmt meist schlecht von mir.

Ihre Auswertung. Addieren Sie Ihre Punkte und lesen Sie im entsprechenden Absatz nach:

80–100 Punkte
Ihr Selbstwertgefühl ist sehr schwach ausgeprägt. Sie machen sich von anderen Menschen abhängig und können sich selbst nicht oder kaum entfalten. Ihre Ziele ordnen Sie anderen Interessen unter. In der Folge werden Sie oft manipuliert und ausgenutzt. Wir empfehlen Ihnen dringend, an Ihrem Selbstwertgefühl zu arbeiten. Andernfalls fühlen Sie sich zunehmend mutlos und als Versager/in. Diesen Zustand können Sie jedoch aus eigener Kraft ändern.

79–60 Punkte
Ihr Selbstwertgefühl ist zwar vorhanden, aber nicht genügend ausgeprägt. Noch sind Sie häufig Spielball der Mächte um Sie herum und gehören nicht zu den Spielern. Mit dieser Situation sind Sie nicht zufrieden und spüren, dass Sie etwas ändern müssen. Nur wie? Vertrauen Sie auf die positiven Ansätze, die Sie bereits zeigen. In einzelnen Bereichen wissen Sie sehr wohl, wie Sie sich durchsetzen können. Bauen Sie auf diesen Stützen auf und entwickeln Sie Ihre Selbstsicherheit weiter.

59–40 Punkte
Ihr Selbstwertgefühl ist mittelstark ausgeprägt. Es reicht Ihnen, um damit zurechtzukommen. Aber insgesamt wären Sie gern selbstsicherer und würden die Dinge um sich herum lieber häufiger selbst in die Hand nehmen. Manchmal fühlen Sie sich Manipulationsversuchen ausgesetzt und geben zu schnell nach. Arbeiten Sie an sich, Ihr Weg zu mehr Selbstsicherheit ist nicht mehr weit.

39–30 Punkte
Sie sind bereits selbstsicher. Vielleicht fehlt Ihnen noch das Tüpfelchen auf dem i, aber das sind Feinheiten. Im Großen und Ganzen sind Sie sehr zufrieden mit sich selbst und bestimmen Ihr Leben weitgehend selbst. Vielleicht finden Sie trotzdem in diesem Buch einige interessante Hinweise, mit denen Sie Ihre Selbstsicherheit noch mal ein kleines Stück steigern werden.

29–20 Punkte
Sie sind der Prototyp eines selbstsicheren Menschen. Sie leben aus sich selbst heraus, entscheiden selbst, was gut für Sie ist und was nicht. Vor den Manipulationsversuchen Ihrer Mitmenschen sind Sie weitgehend geschützt. Wir empfehlen Ihnen jedoch, zu überprüfen, ob Sie im Umgang mit Ihren Mitmenschen nicht zu dominant wirken.

Woher kommt Selbstsicherheit?

Ein selbstsicherer Mensch besitzt in seinem Inneren ein stabiles Fundament, das ihm Sicherheit verleiht und sein Handeln positiv unterstutzt. Das Fundament besteht aus tief verankerten positiven Glaubenssätzen und Überzeugungen. Ein selbstsicherer Mensch weiß, dass er in Ordnung ist, so wie er ist, dass sein Verhalten im Grunde richtig ist und dass er von seinem Umfeld akzeptiert und wertgeschätzt wird. Mit dieser Einstellung kann er im Leben agieren, ohne sein Handeln ständig hinterfragen zu müssen. Er ist souverän, weil er weiß, dass er in einem sicheren und schützenden Umfeld lebt. Im Gespräch kann er seine Energie vollständig darauf verwenden, dem anderen zuzuhören, Lösungen für anfallende Probleme zu suchen oder zielstrebig seine Interessen zu verfolgen. Sein Handeln ist geradlinig, weil es nicht durch Selbstzweifel abgelenkt wird.

Ganz anders verhält sich ein unsicherer Mensch. Ihm fehlt die stabile Basis eines gesunden Selbstwertgefühls. Auch er hat tief verankerte Glaubenssätze, doch diese vermitteln keine Sicherheit, ganz im Gegenteil. Er glaubt fest, dass er minderwertig ist und von seinem Umfeld nicht wertgeschätzt oder akzeptiert wird beziehungsweise werden kann. Trifft er auf einen unbekannten Menschen, so sendet sein Unterbewusstsein als erste Botschaft: »Du bist klein, schwach und minderwertig, dieser Mensch ist dir überlegen.«

Aus diesem Gefühl heraus wird der unsichere Mensch seine Gespräche führen und handeln. Ständig ist ein Teil seiner Aufmerksamkeit mit seiner eigenen Minderwertigkeit und seinen Selbstzweifeln beschäftigt. Er hinterfragt ununterbrochen, ob sein Verhalten richtig ist und von anderen akzeptiert wird. Das lenkt ihn stark ab und hindert ihn daran, zielstrebig seine Ziele und Aufgaben zu verfolgen. Aus diesem Grund wird er Misserfolge erleiden. Diese wiederum verstärken sein Minderwertigkeitsgefühl. Er steckt in einem echten Teufelskreis.

So kann es passieren, dass der unsichere Mensch in einem Gespräch zum Beispiel bemerkt, dass der Blick seines Gesprächspartners kurz zu seiner Frisur wandert und dort vielleicht eine Sekunde länger als üblich haften bleibt. Sofort wird er denken: »Was stimmt mit meiner Frisur nicht?« Er wird unsicher und kommt vielleicht schon bei der ersten Antwort ins Stocken. Das Gespräch entwickelt sich daraufhin denkbar schlecht und wird wieder einmal als ein persönlicher Misserfolg gewertet.

Natürlich gibt es auch Menschen, welche die Schwäche eines unsicheren Menschen ausnutzen. Sie verstärken das schlechte Gefühl des Gegenübers gezielt, indem sie ihren Blick bewusst auf Schwachstellen des unsicheren Menschen richten und dabei beispielsweise den Mund abschätzig verziehen. Damit erhöhen sie den Stress bei ihrem Gegenüber mit dem Ziel, ihre eigenen Gesprächsziele besser durchzusetzen.

Manipulation: Wir werden im Leben oft manipuliert. Manipulatoren, also Menschen, die andere gern für ihre Zwecke einspannen, nutzen dabei gezielt Schwächen ihres Gesprächspartners aus, um ihn zu bestimmten Handlungen zu bewegen. Manipulation setzt dabei sowohl bei Ängsten von Menschen als auch bei deren Suche nach Anerkennung an. Aussagen wie »Frau Maier, Sie können doch so toll formulieren. Sie werden bei mir ewig einen Stein im Brett haben, wenn Sie das schnell für mich schreiben« sind ein typisches Beispiel für einen Manipulationsversuch, der auf der Anerkennung basiert. »Dieses Outfit war – tut mir leid, wenn ich Ihnen das so deutlich sagen muss – im letzten Jahr modern. Damit können Sie heute kaum noch rumlaufen, ohne negativ aufzufallen. Ich empfehle Ihnen, sich mal hier umzusehen« basiert hingegen auf dem Motiv Angst vor Ausgrenzung.

Diese Versuche sind einzeln betrachtet sicher harmlos. Selbstbewusste Menschen machen das vielleicht ein paar Mal mit oder vertrauen dem Geschmack einer Verkäuferin. Wenn es ihnen zu viel wird, werden sie sich jedoch meist wehren und kein Problem damit haben, deutlich Nein zu sagen. Doch es gibt viele Menschen, die solchen Manipulationsversuchen relativ hilflos gegenüberstehen. Oft durchschauen sie den Versuch nicht oder es fehlt ihnen am nötigen Selbstbewusstsein, sich darüber hinwegzusetzen.

Auf der anderen Seite gibt es Menschen, die gern manipulieren. Sie halten gezielt Ausschau nach Menschen, mit denen sie ihre Spielchen treiben können. Somit treffen oft, wie beim Schlüssel und dem zugehörigen Schloss, passende Menschen zusammen, die sich gegenseitig manipulieren beziehungsweise sich

> **➡ WISSENSWERTES**
>
> *Bei einer »Manipulationsbeziehung« erleidet das Opfer stets einen Nachteil oder Schaden. Es arbeitet für den Manipulator, verzichtet auf eigene Vorteile oder Interessen und erleidet manchmal sogar einen wirtschaftlichen Schaden.*

manipulieren lassen. Dies geschieht in Paarbeziehungen, im Umgang mit Nachbarn, mit Verwandten oder Eltern und natürlich auch im Job. Zum Teil kann man ausgeprägte Manipulationsstrategien sogar schon bei Kindern beobachten.

Der beste Schutz vor Manipulation ist, sein Selbstbewusstsein zu verbessern. Wenn Sie sich selbst klarmachen, welches Ihre eigenen Interessen sind, und bewusst auf das Verhalten anderer Menschen achten, werden Sie Manipulationsversuche besser durchschauen. Zur Abwehr müssen Sie lernen, klar und deutlich Nein zu sagen. Wie das geht, erfahren Sie an späterer Stelle. Häufig wird der Manipulator Ihnen noch eine Weile zusetzen, bis er merkt, dass Sie als Opfer für seine Manipulationsversuche nicht mehr infrage kommen. Bei länger anhaltenden Manipulationsbeziehungen, wie man sie zum Beispiel im Verwandtenkreis oder in Arbeitsverhältnissen findet, kann die Befreiung aus einer solchen Abhängigkeit auch länger dauern oder mühsamer sein.

Selbstsichere Menschen unterscheiden sich in ihrem Verhalten deutlich von unsicheren Menschen. Da sie innerlich von ihren Zielen überzeugt sind, steuern sie ohne Umwege und direkt darauf zu. Sie lassen sich nicht so schnell von etwas abbringen und werden gute Ideen gegenüber anderen Personen mit Energie durchsetzen. Innere Zerrissenheit oder Einwände an ihrem Tun oder ihrer eigenen Person kennen sie nicht, daher können Kritiker bei ihnen auch keine Zweifel säen. Selbstsichere Menschen verwenden ihre ganze Energie darauf, ihre Ziele zu erreichen.

Dieses Verhalten beeindruckt unsichere Menschen stark, weil es auf sie sehr geradlinig, direkt und erfolgsorientiert wirkt. Sie wären auch gern so. Was passiert aber bei einem unsicheren Menschen, wenn dieser ein Ziel verfolgt oder eine Aufgabe bearbeiten möchte?

Stellen Sie sich dazu vor, dass Sie ein ernstes Gespräch mit dem Lehrer Ihres Kindes führen müssen. Ihr Kind beschwert sich zu Hause, dass es ungerecht behandelt wurde, und Sie sind zur Überzeugung gelangt, dass es nun an der Zeit ist, zu handeln. Sie machen einen Termin mit dem Rektor der Schule aus.

Wie ergeht es einem unsicheren Menschen in dieser Situation? Er fasst den Vorsatz, mit dem Rektor zu sprechen, und macht einen Termin aus. Doch sobald der Termin näher rückt, melden sich bei ihm die Selbstzweifel: »Wie willst ausgerechnet du dem Rektor etwas sagen? Er ist doch so viel intelligenter und weiß so viel mehr als du. Du kannst das nicht, du bist viel zu schwach und zu dumm.« Unter diesen Vorzeichen startet das Gespräch. Vielleicht schafft es eine unsichere

Person noch, ihr Anliegen zu formulieren. Aber schon nach der ersten harschen Antwort des Rektors knickt sie wahrscheinlich ein, senkt den Blick und lässt sich mit der Auskunft abspeisen, dass alles an ihrem Sohn oder ihrer Tochter gelegen habe. Innerlich mag der unsichere Mensch zwar kochen, weil er um die Ungerechtigkeit weiß. Die Aggression wird sich vor allem auch gegen das eigene Ich richten, da er offensichtlich mal wieder versagt hat. Äußerlich bleibt dieser Persönlichkeitstyp jedoch demütig und zurückhaltend.

Körpersprache

Ein Schlüssel zur Selbstsicherheit ist unsere Körpersprache. Ständig drücken wir mit unserem gesamten Körper unsere Stimmungen, Gefühle und Gedanken aus. Mit etwas Übung können wir in einer anderen Person über deren physischen Ausdruck sogar lesen wie in einem Buch. An der Haltung, Gestik und Mimik erkennt man sofort, wie ein Gesprächspartner eingestellt ist, ob er selbstbewusst oder unsicher ist und an welchen Stellen im Gespräch er uns Widerstand entgegensetzt oder wo er uns willig folgt. Natürlich lesen auch unsere Gesprächspartner in uns. Manche tun das bewusst, die meisten tun es jedoch unbewusst. Auch wenn wir nie gelernt haben, Körpersprache zu deuten, hinterlässt sie doch eine starke Wirkung.

Die Körpersprache wird von unserem Unterbewusstsein gesteuert und entzieht sich daher im Normalfall weitgehend unserer Kontrolle. Wenn Sie sich das nicht vorstellen können, versuchen Sie doch einmal, ganz bewusst zu lachen. Damit ist nicht gemeint, dass Sie sich einen Witz ausdenken und darüber lachen sollen, sondern dass Sie Ihren etwa 200 Gesichtsmuskeln einzeln den Befehl geben, die Haut genau in solche Falten zu legen, dass es wie

➡ WISSENSWERTES

Der spontane Gesichtsausdruck für Lachen oder Schmerzen ist weltweit bei allen Menschen gleich. Dahinter steckt ein universeller Mechanismus, ein gemeinsames Programm aller Menschen, wichtige Grundemotionen auszudrücken. Diese Emotionen sind wahrscheinlich vor Jahrmillionen bei unseren Vorfahren entstanden und in tiefen, dem Bewusstsein kaum zugänglichen Teilen des Gehirns verankert.

Lachen aussieht. Das wird Ihnen mit großer Wahrscheinlichkeit nicht gelingen.

Etwas ganz anderes passiert, wenn Ihnen ein Hammer auf den großen Zeh fällt. Der zugehörige schmerzverzerrte Gesichtsausdruck ist im Bruchteil einer Sekunde da, ohne dass Ihr Bewusstsein überhaupt gefragt wurde. Der Hammer auf dem großen Zeh löst einen starken Nervenreiz aus, der sofort in einem vom Bewusstsein nicht gesteuerten Gehirnteil landet. Dort wird entschieden, dem Bewusstsein das Gefühl Schmerz zu senden, damit es beim nächsten Mal besser aufpasst. Gleichzeitig wird in Form einer automatischen Weiterleitung beschlossen, den Gesichtsmuskeln den Befehl »Mache ein schmerzverzerrtes Gesicht« zu senden. Selbst wenn das Bewusstsein sofort schaltet und beschließt »Wir zeigen keinen Schmerz«, kommt dieser Befehl meist zu spät im Bewusstsein an. Zumindest kurz kann ein Beobachter den Schmerz auch von außen feststellen, bis sich das Opfer wieder im Griff hat.

Weil die Körpersprache unbewusst verläuft und schwer zu kontrollieren ist, können andere Menschen oft in uns lesen wie in einem offenen Buch. Unsere Körper- und Gesichtsbewegungen sowie unsere Stimme, Tonlage und Haltung spiegeln ständig unsere Emotionen wider und verraten dem Gegenüber, wie es wirklich in uns aussieht. Es ist unmöglich, jemandem überzeugend Selbstbewusstsein vorzuspielen. Selbst wenn Sie es versuchen, werden Sie Ihr Gegenüber kaum über längere Zeit täuschen können. Aus diesem Grund ist es so wichtig, Selbstbewusstsein tief in sich selbst auszubilden und zu verankern. Dann kommt der selbstbewusste Auftritt nach außen von ganz allein und die Mitmenschen werden darauf reagieren.

Wir können jedoch Teile der Körpersprache bewusst verändern und uns zum Beispiel aufrichten. Dies kann eine positive Kettenreaktion auslösen und unser inneres Selbstwertgefühl kurzzeitig anheben.

 CHECKLISTE: *Körpersprache*

An diesen Zeichen können Sie ablesen, wie selbstbewusst sich Ihr Gegenüber fühlt:

Selbstbewusstes Verhalten	Unsicheres Verhalten
Schultern gerade und Kopf aufrecht.	Schultern nach vorn eingesunken, Kopf häufig gesenkt.
Direkter Blickkontakt mit dem Gegenüber; dem Blick wird standgehalten.	Blick im Gespräch oft seitlich oder nach unten gerichtet, dem Blick wird kaum standgehalten.
Fester Stand mit beiden Beinen auf dem Boden, etwa schulterbreit; wirkt gerade und stabil.	Stand häufig unsicher oder Beine eng zusammen, »verdreht« oder (oft bei Männern) sehr breitbeinig in Cowboymanier (=sucht sicheren Stand).
Hände im Gespräch: vor dem Körper, offen, bewegen sich natürlich mit, im Stand oft oberhalb der Gürtellinie.	Hände im Gespräch: oft nicht sichtbar, zwischen den Beinen oder hinter dem Rücken versteckt oder ineinander gelegt, verbunden mit nervösem Händereiben oder Spielen an den Fingern oder an einem Ring; Arme manchmal auch vor der Brust verschränkt.
Gesichtsausdruck entspannt, offen, häufig mit einem Lächeln verbunden.	Gesichtsausdruck verspannt, falls gelächelt wird, wirkt das Lächeln eher verkrampft oder schuldbewusst (wegschauen).
Im Sitzen: Beine offen oder locker übereinandergeschlagen, Sitz auf der gesamten Stuhlfläche, lehnt sich auch mal zurück.	Im Sitzen: Beine häufig krampfhaft übereinandergeschlagen, wirken »verdreht« – oder werden mit Kraft zusammengedrückt. Sitz oft nur auf der Vorderkante des Stuhls, ein Zurücklehnen ist selten zu beobachten.
Im direkten Kontakt mit Autoritätspersonen wird eher ein starker Ausdruck angestrebt: extrem aufrecht stehen, Blick halten, Schultern betont gerade.	Im direkten Kontakt mit Autoritätspersonen wird eher ein unterwürfiger Ausdruck angestrebt: zurückweichen, sich klein machen, Schultern einziehen, Blick senken.

Unsere inneren Programme

Wenn wir auf einen unbekannten Menschen treffen, schätzen wir diesen in Sekundenbruchteilen ein und entscheiden »Ich bin diesem Menschen überlegen« oder »Ich bin diesem Menschen unterlegen«. Dabei greifen wir auf bisherige Erfahrungen in unserem Leben zurück, auf Referenzerfahrungen, die in großer Zahl in uns gespeichert sind. Vermutlich haben wir gelernt, dass zum Beispiel große und starke Menschen gefährlicher sind als kleine und schwache. Also sind wir bei allen großen und starken Menschen, die wir künftig treffen, mehr auf der Hut als bei kleinen und schwachen. Haben wir in der Kindheit negative Erfahrungen mit einem bestimmten Menschen gesammelt, bleibt auch dies in unserem Gedächtnis präsent. Wenn wir jetzt auf eine Person treffen, die diesem Menschen ähnlich sieht, gehen wir automatisch davon aus, dass diese Person auch böse sein muss, selbst wenn wir sie noch nie vorher gesehen haben.

Auch Reaktionen, die unseren eigenen aktuellen Selbstsicherheitspegel ausdrücken, funktionieren nach diesem Muster. Das bedeutet, wir fragen unser Selbstbild nach solchen Stereotypen ab. Sind wir selbst groß und stark? Dann brauchen wir andere große und starke Menschen nicht zu fürchten. Sind wir jedoch klein und schwach, dann unterwerfen wir uns besser auch mittelgroßen und mittelstarken Menschen. Unser Unterbewusstes prüft all diese Fakten in Bruchteilen von Sekunden und trifft eine Entscheidung. Lautet diese Entscheidung »Unterwerfen«, dann handelt es sofort und sendet an die Muskulatur den Befehl »Unterwerfen«. Die reagiert sofort: Die Augen bewegen sich zur Seite, der Blick wendet sich ab, der Kopf wird schräg gelegt, der ganze Mensch wirkt dadurch kleiner und fällt förmlich in sich zusammen.

Menschen machen auch heute noch eine Rangordnung zwischen sich aus, wenn sie sich zum ersten Mal treffen. Wenn der Chef beim Geschäftsmeeting den Raum betritt, werden die anderen Anwesenden ihr Verhalten sofort ändern und sich formal »unterwerfen«. Sie wenden sich ihm zu, unterbrechen ihr Gespräch oder zeigen auf andere Weise, dass sie ihn als Ranghöchsten akzeptieren. Sollte jedoch jemand nicht reagieren und beispielsweise sein Gespräch ungerührt weiterführen, wird der Ranghöchste vermutlich diese Person sofort ansprechen oder anders dafür sorgen, dass er die ihm zustehende Aufmerksamkeit bekommt. Wenn es sich bei dem Unbekannten jedoch zufällig um den Vorstandsvorsitzen-

Unser Bewusstsein wird bei der Frage, wie wir uns gegenüber fremden Personen verhalten sollen, überhaupt nicht gefragt. Das hat den ganz einfachen Grund, dass es viel zu langsam für solche Entscheidungen wäre. Die Fähigkeit, extrem schnell auf neue Menschen und Situationen zu reagieren, ist ein Erbe unserer Vergangenheit. In der Steinzeit und in den Jahrmillionen zuvor war es für unsere Vorfahren überlebenswichtig, schnell zu handeln. Wenn sich ein Steinzeitmensch nicht schnell genug unterordnete, sprach vielleicht schon die Keule und er starb. Seine Gene hatten damit keine Gelegenheit mehr, seine zu langsame Reaktion an seine Nachkommen weiterzugeben. Forscher sind heute zunehmend der Ansicht, dass ein Großteil unseres Verhaltens auf unzählige gespeicherte Referenzerfahrungen zurückzuführen ist, die unser Unterbewusstsein in Sekundenbruchteilen aufrufen und bewerten kann.

den handelt, der einen Überraschungsbesuch macht, wird sich das Blatt ganz schnell wenden und der Chef wird sich unterordnen.

Es ist spannend, Menschen zu beobachten, die sich zum ersten Mal treffen, zum Beispiel auf einer Party oder bei einem Elternabend. Smalltalk, gegenseitiges »Abchecken« und Rangordnungsspiele gehören dazu. So stellt sich automatisch heraus, wer Alphamännchen oder -weibchen ist und wer in die zweite oder dritte Reihe gehört.

Gehirnforscher bestätigten inzwischen das sogenannte Unbewusste, das der Begründer der Psychoanalyse, Sigmund Freud, vor mehr als hundert Jahren beschrieben hat. Sie stellten fest, dass in unserem Gehirn mehrere unterschiedliche Teile arbeiten und zum Teil sogar miteinander konkurrieren. Die stammesgeschichtlich sehr junge Großhirnrinde, in der unsere Denkprozesse ablaufen und mit der wir uns am stärksten vom Affen und anderen Tieren unterscheiden, ist zwar für die rationalen Denkprozesse zuständig, konkurriert aber mit anderen Gehirnteilen, wenn es darum geht, dem Körper Befehle zu erteilen. Das sogenannte limbische System, ein Verbund aus dem Zwischenhirn und Teilen des Großhirns, ist hauptsächlich für Gefühle und die daraus folgenden Handlungen zuständig. Im limbischen System werden in weitaus größerem Umfang, als bisher vermutet, Erinnerungen abgespeichert. Wir können diese Erinnerungen aus dem limbischen System in Sekundenbruchteilen abrufen, mit einer aktuellen

Situation vergleichen und aufgrund dessen eine unmittelbare Reaktion einleiten. Besonders unsere spontane Reaktion auf fremde Menschen – wie Sympathie, Antipathie, Furcht oder Zuneigung – wird vom limbischen System gesteuert. Dieser Prozess verläuft außerhalb der Großhirnrinde und kann daher nur nachträglich überprüft werden.

Vielleicht mag es für den einen oder anderen ernüchternd klingen, dass wir uns nach mehreren Tausend Jahren Kulturgeschichte immer noch im emotionalen Stadium eines Wolfsrudels befinden. Doch beobachten Sie bewusst, wie sich Menschen wirklich verhalten. Sie werden diese Mechanismen schnell auch bei sich selbst feststellen. Damit finden Sie einen Zugang zu Ihrem eigenen Verhalten und können sich vielleicht besser erklären, warum Sie bestimmten Personen bisher immer ausgewichen sind.

Auch wenn uns dieses biologische Erbe in manchen Fällen eher hinderlich erscheint, bewahrt es uns doch in vielen Fällen vor Unfällen oder Schlimmerem. Denn wir können auf die meisten der zahllosen Sinnesreize und Eindrücke, die pausenlos auf uns einströmen, bewusst gar nicht schnell genug reagieren. Unser Unterbewusstsein sorgt jedoch dafür, dass wir sicher durch das Leben gelangen.

Wir weichen automatisch einem Zweig aus, der uns beim Waldspaziergang ins Gesicht schlagen will, vermeiden verdorbene Lebensmittel oder machen nachts einen großen Bogen um dunkle Ecken. Vieles von dem registrieren wir noch nicht einmal, sondern tun es ganz automatisch. Mit genau demselben Programm reagieren wir auch auf andere Menschen. Wenn wir ablehnend reagieren, will uns unser Gefühl also nur vor einer vermeintlichen Gefahr warnen. Wenn wir diesem Gefühl nicht nachgeben und die Sache schiefgeht, denken wir uns später manchmal: »Hätte ich doch besser auf meinen Instinkt gehört!« All das sind Belege für unsere biologischen Programme, die permanent in unser Leben eingreifen.

Natürlich müssen wir diese Programme manchmal dennoch hinterfragen, weil unsere Umwelt nicht mehr der eines steinzeitlichen Jägers entspricht. Und das birgt die Gefahr, dass wir überreagieren oder eine Situation falsch einschätzen. Wie wir unser Verhalten und unsere inneren Programme hinterfragen können, sehen wir im folgenden Abschnitt.

Störungen im Selbstbewusstsein

Diese Verhaltensweisen und Rangordnungsregeln gehören zu unserem biologischen Grundprogramm. Sie sind nichts Negatives. Ganz im Gegenteil, sie erleichtern viele Prozesse des täglichen Lebens. Wenn Sie jeden Tag erneut mit Ihrem Chef in Wettbewerb treten müssten, um herauszufinden, wer das Sagen hat, würden Ihr Job und Ihr berufliches Fortkommen sehr mühsam vorangehen. Wenn Sie jedoch akzeptieren lernen, dass Sie im Moment auf der Leiter noch weiter unten stehen, werden Sie sich wahrscheinlich realistischere Ziele setzen und außerdem an Ihren Grenzen arbeiten können. Vielleicht haben Sie ja auch das Potenzial, später im Rang aufzusteigen.

In »Rangordnungsspielchen« klein beizugeben hat außerdem nichts mit mangelndem Selbstvertrauen zu tun. Auch selbstbewusste Menschen werden sich in bestimmten Situationen unterordnen, ohne dass sie dabei Schaden nehmen. Schwierig wird es jedoch, wenn dieses biologische Programm aus dem Ruder läuft und uns suggeriert, dass wir uns ständig unterwerfen müssen. Genau das passiert, wenn jemand unter einem starken Mangel an Selbstbewusstsein leidet und er nicht in der Lage ist, das eigene Verhalten zu kontrollieren. Menschen reagieren dann in einer bestimmten Situation unangemessen. Sie ordnen sich sofort vorsorglich unter und geraten innerlich in Stress, auch wenn es die jeweilige Situation objektiv gar nicht erfordert. Dieser Fall tritt zum Beispiel dann auf, wenn unsichere Menschen mit einer unbekannten Person zusammentreffen. Anstatt erst einmal auszuprobieren, ob man dieser Person auf Augenhöhe begegnen kann, machen sich manche Menschen reflexartig sofort klein. Natürlich spürt das der andere. Je nach seinem inneren Programm wird er die Situation ausnutzen und die Person vielleicht unter Druck setzen und manipulieren. Oder er zeigt einfach kein Interesse an einem weiteren Kontakt, weil er sich lieber mit selbstsicheren Menschen umgibt.

Damit erwächst dem unsicheren Menschen aus seiner defensiven Verhaltensweise schnell ein echter Nachteil, weil er zum Manipulationsopfer wird oder seine Ziele nicht durchsetzen kann. Wir empfehlen daher, das eigene Verhalten in solchen Situationen kritisch zu hinterfragen und es bei Bedarf zu ändern. Zum veränderten Verhalten zählt zum Beispiel, dem Blick eines ranghöheren Menschen bewusst eine paar Sekunden standzuhalten.

Selbstbild und Fremdbild

Wir alle tragen ein konkretes Bild unserer eigenen Person in uns. Dieses Selbstbild hat sich im Laufe unserer Entwicklung manifestiert und stellt unsere Vorstellung der eigenen Persönlichkeit dar. Wenn wir in den Spiegel schauen, sehen wir in Wirklichkeit nicht uns selbst, sondern nur unser Abbild. Dieses Selbstbild verwenden wir auch, um uns mit anderen zu vergleichen. Dieser Vergleich ist ein Reflex aus alten Zeiten, bei dem ein Zusammentreffen mit einem stärkeren Individuum der eigenen Art schnell den Tod bedeuten konnte.

Treffen wir also einen fremden Menschen, taxieren wir sofort dessen Außenwirkung, also den Eindruck seiner Stärke, den er uns vermittelt, und vergleichen diesen mit unserem Selbstbild. Wenn das Fremdbild des anderen in etwa so stark oder groß ist wie unser Selbstbild, werden wir dem anderen zwar mit Vorsicht, aber wohlwollend begegnen. Wenn das Fremdbild des anderen größer und stärker ist als unser Selbstbild, ordnen wir uns unter. Wir verhalten uns unterwürfig und zurückhaltend. Viele Menschen werden in einer solchen Situation unsicher. Wenn das Fremdbild des anderen jedoch kleiner und schwächer erscheint als unser Selbstbild, fühlen wir uns sofort überlegen und treten sicher auf.

> ➡ *WISSENSWERTES*
>
> *Diese Einschätzung wird innerhalb von Sekundenbruchteilen von unserem Unterbewusstsein vorgenommen, ohne dass wir dies bewusst beeinflussen können. Das Unterbewusste wertet innerhalb der kurzen Zeitspanne Tausende von Informationen aus und kommt damit zu einer sehr präzisen Einschätzung des Gegenübers. Dieser berühmte »erste Eindruck« ist später kaum noch zu ändern.*

Das Spannende an diesem Phänomen ist, dass unser Fremd- und Selbstbild häufig voneinander abweichen. Viele Menschen vermitteln ein viel schwächeres Fremdbild nach außen, als es ihrem Selbstbild entspricht. Im Umgang mit anderen führt dies leicht zu Irritationen, weil das Unterbewusstsein zuerst die äußeren Merkmale wie das Aussehen registriert, bevor es die Körpersprache, das Verhalten und die Sprache analysiert. Menschen machen sich also unbewusst klein, obwohl sie es gar nicht nötig hätten. Dieses »Kleinmachen« kann man auch auf der körpersprachlichen Ebene beobachten, beispielsweise wenn Menschen in sich zusammengesunken herumlaufen, den Kopf hängen lassen und die Schultern einziehen.

Auf Dauer wirkt sich das Kleinmachen auf die gesamte Person aus. Sie schrumpft im wahrsten Sinne des Wortes, weil sich die Muskeln auf diese Haltung einstellen und die obere Wirbelsäule gebeugt wird. Und wenn der Rücken erst einmal über Jahre gekrümmt bleibt, ist es schwer, ihn kurzfristig wieder aufzurichten.

Ziel einer positiven Persönlichkeitsentwicklung ist, sein eigenes Selbstbild dem Fremdbild anzupassen, welches man nach außen darstellt, oder eine Harmonie zwischen beiden zu schaffen. Gelingt dies, so wird man zukünftig so auftreten, wie man sich innerlich fühlt. Vor zu schwierigen Herausforderungen des Lebens wird man berechtigterweise die Finger lassen, aber man wird sich nicht scheuen, Dinge in Angriff zu nehmen oder sich mit Personen auseinanderzusetzen, denen man gewachsen ist. Selbstbewusste Menschen erfüllen in der Regel diese Voraussetzung, während unsichere Menschen meist ein zu kleines Selbstbild von sich herumtragen.

Natürlich gibt es auch das Gegenteil. Manche Menschen machen sich größer, als sie in Wirklichkeit sind. Sie wirken nach außen hin selbstbewusst, laut und stark. Doch beim näheren Hinsehen merken erfahrene Gesprächspartner schnell, dass hier nur »heiße Luft« verkauft wird. Allerdings nicht immer. Jemand, der sich minderwertig fühlt, wird sich von solchen Selbstdarstellern leicht einschüchtern lassen. Diese Menschen werden dann oft von solchen Aufschneidern für ihre Manipulationsversuche benutzt.

Solche Angriffe können Sie leicht abwehren, indem Sie ein betont selbstbewusstes Verhalten an den Tag legen. Achten Sie dabei auf einen festen Blick und eine aufrechte Haltung. Führen Sie dann das Gespräch sehr überlegt und ruhig – und Sie werden schnell in Ruhe gelassen. Denn Menschen reagieren sehr sensibel auf selbstbewusstes Verhalten, besonders wenn ihnen eigenes Selbstvertrauen fehlt. Im Zweifel ordnen sie sich dann unter.

> ➡ **WISSENSWERTES**
>
> *Sie können ganz leicht an Größe hinzugewinnen. Stellen Sie sich gerade hin und straffen Sie den Rücken und die Schultern. Richten Sie sich dabei auf und ziehen Sie Ihren Körper mit dem Kopf und Hals nach oben. Sie »wachsen« dabei leicht um ein kleines Stück. Nehmen Sie diese aufrechte Haltung auch ein, wenn Sie mit anderen Menschen sprechen.*

WER BIN ICH
und WAS
WILL ICH
ERREICHEN?

Wenn Sie etwas an Ihrem Verhalten ändern
wollen, müssen Sie Ihre verborgenen Motive
für Ihr Handeln kennenlernen. Außerdem
sollten Sie herausfinden, was Sie tief in Ihrem
Inneren wirklich wollen. Damit beschäftigt
sich das folgende Kapitel.

Warum Selbstsicherheit?

Viele Menschen empfinden Unsicherheit als ein persönliches Problem. Sie fühlen sich damit extrem unwohl. Diese Unzufriedenheit verhindert oft, dass man sich im Leben verwirklichen kann und die Dinge erreicht, die man sich zum Ziel gesetzt hat. Anstelle von Erfolgserlebnissen stehen bei unsicheren Menschen eher häufige Frusterlebnisse. Das ist kein erstrebenswerter Zustand, denn jeder Mensch wünscht sich Zufriedenheit und die Verwirklichung seiner Ziele. Daher gehört die Entwicklung eines gesunden Selbstwertgefühls zu den zentralen Aufgaben im Leben eines jeden einzelnen Menschen.

Unsichere Menschen tun sich in vielen alltäglichen Situationen schwer. Es fängt manchmal schon beim Einkaufen an; unsichere Menschen fühlen sich unter Umständen unwohl, wenn sie von einem Verkäufer oder einer Verkäuferin angesprochen werden. Schwieriger wird es dann vor allem in den Fällen, in denen diese Menschen etwas unbedingt erreichen oder durchsetzen wollen. Behördengänge sind ein solches Beispiel. Manche Menschen zögern unangenehme Behördengänge immer wieder hinaus, weil sie Angst haben, sich dort einem schwierigen Gespräch stellen zu müssen. Dabei wird es durch das Hinauszögern nur noch schlimmer. Immer wieder denken sie an diese Herausforderung, sie entzieht ihnen tagtäglich Kraft. Ebenso entwickeln sich auch Meinungsverschiedenheiten mit Nachbarn oder Kollegen oft zu schwierigen und langwierigen Angelegenheiten.

Auf Dauer fühlen sich unsichere Menschen häufig unglücklich. Sie haben das Gefühl, von niemandem gebraucht zu werden. Sie werden schneller krank und sind dann oft eine Belastung für ihre Umwelt. Dadurch fühlen sie sich noch wertloser, was den teuflischen Kreislauf weiter verstärkt.

Problemfeld Mobbing: Das Thema Mobbing ist sehr eng mit dem Thema Unsicherheit verknüpft. Die meisten Mobbingopfer leiden an einem Mangel an Selbstsicherheit. Sie wirken unsicher und bieten sich daher als unfreiwillige Zielscheibe geradezu an. Mobbing beginnt im Kleinen. Am Anfang sind es harmlose Scherze und Späße, die im Büroalltag dazugehören. Selbstbewusste Persönlichkeitstypen machen das eine Weile mit, dann schieben sie einen Riegel vor, indem sie sich in irgendeiner Form wehren. Die »Täter« lernen diese Botschaft und lassen künftig von dieser Person ab oder belassen ihre Scherze im harmlosen

Bereich. Die Täter sind im Übrigen ganz normale Kollegen, die sich kaum etwas dabei denken und im Grunde niemanden bewusst mobben würden.

Doch manchmal verläuft es anders. Es gibt Menschen, die sich nicht wehren, sondern alles schlucken. Die »Täter« erhalten dadurch unbewusst die Botschaft: »Hier kann ich mich ungestraft austoben.« Die Folge ist, sie machen weiter – die meisten, bis sie irgendwann die Lust verlieren; manche aber treiben ihr Spiel bis ins Unendliche. Aus verschiedenen Gründen finden Letztere Gefallen daran, ein Opfer zu schikanieren. Auch dieser Prozess läuft in den meisten Fällen unbewusst ab; ein Täter fühlt sich hierbei kaum schuldig oder versteht, was er beim Opfer anrichtet. Wenn sich dieser Prozess eine Weile ungestört entwickeln kann, entsteht echtes Mobbing. Beim Opfer entwickelt sich ein ungeheurer Leidensdruck, der sich sogar in psychischen oder körperlichen Krankheiten äußern kann.

Rein rechtlich muss ein Arbeitgeber das Mobbing sofort unterbinden, die Parteien möglichst räumlich trennen und eventuell auch rechtliche Schritte einleiten. Doch diese Maßnahmen schaffen nur oberflächliche Abhilfe. Das Mobbingopfer kann zwar wieder seiner Arbeit nachgehen, sein Verhalten wird die betreffende Person aber wahrscheinlich nicht ändern. Also kann man davon ausgehen, dass sich die Situation wiederholen wird. Auch am neuen Arbeitsplatz wird dieser Mensch wieder auf potenzielle Täter treffen, sich nicht wehren und dieselbe Entwicklung erneut durchmachen. Ein Mobbingopfer kann seine Opferrolle nur verändern, indem es lernt, sein Verhalten aktiv zu ändern und sich zu wehren.

Der selbstsichere Mensch: das Zielbild

Fassen wir hier die Eigenschaften eines selbstsicheren Menschen zusammen. Er oder sie:

* weiß genau, was er/sie will
* verfolgt seine/ihre Ziele, ohne zu zweifeln
* ist von sich und seinen/ihren Fähigkeiten überzeugt
* geht auf andere Menschen zu und spricht auch fremde Menschen ohne Zögern an
* hat einen festen Blick und schaut seinen/ihren Gesprächspartnern in die Augen
* spricht deutlich und mit fester, klarer Stimme
* hat einen aufrechten Gang, läuft zielgerichtet und mit ausgreifenden Schritten

* steht fest und stabil, wenn er/sie sich mit anderen Menschen unterhält
* kann sich durchsetzen und überzeugt andere Menschen
* kann sich in Streitgesprächen und gegenüber persönlichen Angriffen gut behaupten
* besitzt eine gefragte Meinung
* steht in Gruppen schnell im Mittelpunkt
* erzielt Aufmerksamkeit, wenn er/sie einen Raum betritt
* ist beliebt
* fühlt sich wertgeschätzt und in seiner sozialen Umgebung gut aufgehoben

Wollen Sie auch so werden? Oder glauben Sie, dass man Superman oder Superwoman heißen muss, um diese Ziele zu erreichen? Keinesfalls. Diese Ziele sind für jede und jeden erreichbar. Lesen Sie in den folgenden Kapiteln, wie Sie Schritt für Schritt Ihr Selbstbewusstsein verbessern.

Was will ich selbst?

Viele Menschen sind fremdbestimmt. Sie tun, was andere ihnen befehlen, ziehen das an, was andere ihnen vorgeben, essen, was anderen schmeckt, und sagen, was andere von ihnen hören wollen. Viele merken jedoch überhaupt nicht, dass sie in dieser Art und Weise fremdbestimmt sind, weil diese Mechanismen nur schwer zu durchschauen sind. Häufig kommt der erste Hinweis auf das eigene Verhalten von Freunden oder Verwandten, also von außen. Spätestens wenn eine Freundin zu Ihnen sagt: »Du sagst und machst ja alles, was dein Mann von dir will. Hast du keine eigene Meinung?«, sollten Sie aufhorchen und sich fragen, ob sie damit Recht hat.

Diese Fremdbestimmung beginnt meist im Kleinen und schaukelt sich gerade in festen Beziehungen oder bei Menschen, mit denen man sich häufig trifft, im Lauf der Zeit zu extremen Ausprägungen auf. Aus diesem Grund fällt sie Außenstehenden auch sehr schnell auf, während die Betroffenen selbst völlig blind gegenüber ihrem eigenen Verhalten sind.

Da diese Verhaltensweisen oftmals sehr festgefahren sind, lassen sie sich nur schwer ändern. Dazu kommt, dass ein solcher Änderungswunsch auch Konflikte auslösen kann, weil der dominante Partner häufig nicht so leicht von seinem bestimmenden Verhalten ablässt. Es kann sogar zum Bruch der Freundschaft mit dem dominanten Partner führen.

Beispiel Sonja

Sonja ist mit einer Freundin in der Stadt, die beiden wollen mittags eine Kleinigkeit essen gehen. Sonjas Freundin schlägt vor: »Komm, lass uns zum Italiener vorne an der Ecke gehen, da war ich schon ein paar Mal.« Doch Sonja mag eigentlich kein italienisches Essen. Andererseits will sie ihre Freundin auch nicht verärgern. Also sagt sie zu und die beiden gehen zum Italiener. Sonja bestellt irgendeine Pizza und ärgert sich während des Essens darüber, dass sie nicht ihren eigenen Wunsch, zum Thailänder zu gehen, durchgesetzt hat. Außerdem gefällt ihr nicht, dass diese Situation sich immer wiederholt. Ihre Freundin gibt ein Restaurant vor und Sonja läuft brav hinterher. Bisher schafft sie es nicht, zu äußern, wo sie gern essen gehen möchte.

Würde Sonja selbstbestimmt handeln, würde sie ihrer Freundin vorschlagen, mal etwas Neues auszuprobieren und zum Thailänder zu gehen. Wenn die Freundin damit nicht einverstanden wäre, könnten die beiden Frauen einen Kompromiss finden. Mit Sicherheit könnte Sonja ihr Essen so viel mehr genießen. Allerdings müsste sich Sonja auch darauf gefasst machen, dass ihre ersten Versuche, sich durchzusetzen, auf Widerstand stoßen. So wird die Freundin vielleicht weiter Druck ausüben, da es auch für sie bisher sehr bequem war, den Ton anzugeben. Im Extremfall kann diese Emanzipation von Sonja eine starke Belastung oder gar das Ende der Freundschaft bedeuten.

Beispiel Thomas

Im zweiten Fall geht es um Thomas. Der IT-Systemtechniker spielt mit seinen Freunden jeden Donnerstag Fußball. Nach dem Spiel gehen die Männer oft noch auf ein Bier in die benachbarte Kneipe. Doch heute hat Thomas seiner Frau versprochen, sofort nach dem Spiel nach Hause zu kommen. Die beiden wollen noch über verschiedene Kinderangelegenheiten reden. Markus, der Mannschaftskapitän, macht sich über Thomas lustig: »Na, musst du nach Hause? Erwartet dich deine Frau schon mit dem Nudelholz? Komm, ein Bier geht ja wohl noch.« Die Kumpels lachen. Thomas senkt den Kopf und antwortet mit leiser Stimme: »Ihr habt ja recht. Okay, ich komme mit.«

 # TEST: *Was will ich selbst?*

Nehmen Sie sich ein paar Minuten Zeit und beantworten Sie die folgenden Fragen, soweit diese auf Ihre Lebenssituation passen: Tragen Sie dann in der dritten Zeile rechts ein Ja oder Nein ein bzw. antworten Sie auf die Punkte 7 bis 10 nur mit Ja oder Nein.

1. Heute Morgen wollte ich zum Frühstück Folgendes essen:

   Heute Morgen habe ich Folgendes gegessen:

   Stimmt zu mindestens 70 Prozent überein:

2. An meinem letzten freien Tag wollte ich Folgendes unternehmen:

   An meinem letzten freien Tag habe ich tatsächlich Folgendes unternommen:

   Stimmt zu mindestens 70 Prozent überein:

3. Als ich letztes Mal mit einem Freund oder einer Freundin abends unterwegs war, wollte ich Folgendes machen:

   Das habe ich tatsächlich gemacht:

   Stimmt zu mindestens 70 Prozent überein:

4. Als ich letztens so richtig shoppen war, wollte ich Folgendes kaufen:

   Tatsächlich habe ich gekauft:

   Stimmt zu mindestens 70 Prozent überein:

5. Meinen Urlaub wollte ich in … verbringen:

   Tatsächlich war ich in …

   Stimmt zu mindestens 70 Prozent überein:

6. Vor drei Jahren hatte ich folgendes berufliches Ziel:

   Heute mache ich:

   Stimmt zu mindestens 70 Prozent überein:

7. In meiner Familie werden meine Ideen zu mehr als 50 Prozent umgesetzt.

8. In meinem Job, Verein (o. Ä.) werden meine Ideen zu mehr als 50 Prozent umgesetzt.

9. Bei schwierigen Kleiderfragen, zum Beispiel bei festlichen Anlässen oder zu Einladungen, suche ich überwiegend selbst aus, was ich anziehe.

10. Wenn mir Freunde oder Bekannte sagen: »Du musst das tun« oder »Du musst dich so verhalten«, widerspreche ich in der Regel und mache, was ich für richtig halte.

Ihre Auswertung:

8–10 Mal Ja

Offensichtlich können Sie sich behaupten und Ihre Wünsche auch umsetzen. Sie sind weitgehend selbstbestimmt und kennen Ihre Ziele gut. Daher besteht keine Notwendigkeit für Sie, Ihr Verhalten in diesem Bereich zu ändern.

6–7 Mal Ja

Sie liegen im Mittelfeld. Teilweise setzen Sie sich durch, teilweise bestimmen andere über Ihre Entscheidungen. Woran liegt es? Machen Sie sich klar, in welchen Situationen Sie fremdbestimmt werden. Überprüfen Sie, ob es Sie stört, in dieser Weise behandelt zu werden. Falls ja, dann achten Sie künftig gezielt auf ähnliche Situationen in Ihrem Leben und ändern Sie diese. Auf der anderen Seite ist es jedoch auch kein Beinbruch, wenn Sie nicht immer alles selbst machen oder entscheiden. Daher können Sie manche Dinge auch einfach laufen lassen, wenn Sie keinen Leidensdruck verspüren.

0–5 Mal Ja

In der Hälfte aller Fälle hat ein anderer Mensch Ihre Entscheidungen getroffen. Überprüfen Sie, inwieweit Sie anderen gegenüber zu oft nachgeben oder sich fremdbestimmen lassen. Wenn Sie den Eindruck haben, dass Sie fremdbestimmt sind, und wenn Sie das stört, sollten Sie diesen Zustand unbedingt ändern. Wie, erfahren Sie auf den folgenden Seiten.
Zuerst sollten Sie sich jedoch darüber im Klaren sein, was Sie selbst überhaupt möchten. Vielleicht haben Sie einfach in bestimmten Situationen keine klaren Zielvorstellungen oder wissen einfach nicht, was genau Sie wollen. Dann bestimmen natürlich andere über Sie. Sobald Sie Ihre Wünsche und Vorstellungen jedoch klar vor Augen haben, werden Sie in wichtigen Situationen automatisch die Initiative übernehmen.

Wäre Thomas ein selbstbewusster Mann, würde er erst mitlachen und dann in bestimmtem Ton und mit aufrechter Kopfhaltung antworten: »Nee, Kumpels, gern wieder nächste Woche. Doch heute bin ich schon fest mit meiner Frau verabredet.«

Was ist bei Thomas passiert? In diesem Moment, hin und her gerissen zwischen dem Versprechen gegenüber seiner Frau und der Aufforderung seiner Freunde, noch mit in die Kneipe zu kommen, bekommt er plötzlich Angst vor einem Verlust seines Ansehens. Er will sich auf keinen Fall vor seinen Freunden blamieren. Den Gedanken an seine Frau schiebt er erst einmal weg, da bei diesem Dilemma die Freunde das näherliegende Problem sind. Daher gab er ihren Wünschen nach.

Ein solches Verhalten ist typisch für unsichere Menschen. Sie lassen sich leicht beeinflussen und geben einem vermeintlichen akuten Druck eher nach als einer Pflicht, die noch weiter in der Ferne liegt. Oft können sie sich in einem solchen Fall auch gar nicht zur Wehr setzen. Der dominante Freund, der sagt: »Komm doch noch mit«, bestimmt über das Verhalten des unsicheren Menschen. Thomas fürchtet insgeheim, die Achtung seiner Freunde zu verlieren und von ihnen vielleicht ausgeschlossen zu werden. Da diese Angst in ihm überwiegt, hat er kaum eine andere Möglichkeit für sein Handeln. Dazu kommt wahrscheinlich

Es gehört eine gute Portion Selbstbewusstsein dazu, die Freunde jetzt stehen zu lassen.

noch, dass seine Frau auf seine Verspätung vermutlich ärgerlich reagieren wird. Thomas weiß das und entscheidet sich so für das kleinere Übel. Innerlich steht er dennoch unter Stress, weil er weiß, dass er sich falsch verhält. Sein Bier wird ihm nicht so richtig schmecken.

Thomas sollte sich klarmachen, was er eigentlich will und wovor er sich fürchtet. Wenn ihm die Bedeutung des Gesprächs mit seiner Frau bewusst ist und die Angst, bei den Freunden das Gesicht zu verlieren, sich als unbegründet erweist, kann er seinen Freunden ohne Probleme absagen. Denn wenn er wirklich lieber ein Bier trinken gehen würde, hätte er seiner Frau schon vor dem Sport gesagt, dass er erst nach seinen Freizeitaktivitäten für ein Gespräch Zeit hat. Da er diesen Schritt für sich nicht gemacht hat, befindet sich Thomas in einer prekären Situation; das Heft des Handels wurde ihm aus der Hand genommen.

Der erste Schritt zum selbstbestimmten Handeln besteht daher darin, sich klarzumachen, was man eigentlich selbst will. Wer die eigenen Wünsche und Vorstellungen genau kennt, kann sie auch durchsetzen, wenn sie stark genug sind. Im ersten Beispiel weiß Sonja wenigstens, was sie gern essen möchte. Sie schafft es nur nicht, diesen Wunsch auch zu äußern. Damit befindet sie sich aber schon auf dem richtigen Weg. Den gilt es nun gehen zu lernen. Viele Menschen wissen dagegen noch nicht einmal, was sie eigentlich wollen. Sie lassen sich im Leben stets treiben und hängen sich an andere Menschen. Dadurch können sie aber nicht ihre eigenen Wünsche leben. Sie spüren das auch und fühlen sich auf Dauer unglücklich mit diesem Zustand.

➡ *WISSENSWERTES*

Wir Menschen sind soziale Wesen und definieren uns vor allem über unsere Beziehung zu anderen. Wenn wir zu einer Gruppe gehören, ist unser Überleben gesichert. Stößt uns die Gruppe aus, sind wir allein und können nicht überleben. Was in der Steinzeit Realität und überlebenswichtig war, gilt in der heutigen Zeit natürlich nicht mehr genauso. Die sozialen Strukturen haben sich geändert. Das gesellschaftliche Netz fängt uns auf, im schlimmsten Fall sorgt der Staat für unser Überleben. Doch unser Unterbewusstsein weiß das nicht. Es glaubt immer noch, dass wir in einer durch und durch feindlichen Umwelt leben, und suggeriert uns, dass wir vom Wohlwollen anderer Menschen abhängig sind. Es bringt uns dazu, alles zu tun, um dieses Wohlwollen nicht zu verlieren.

Warum wollen Sie gefallen?

Unsere Beispielcharaktere Sonja und Thomas befinden sich in der Anerkennungsfalle. Diese ist dafür verantwortlich, dass wir uns von anderen bestimmen lassen und Dinge tun, die wir später bereuen. Folgendes Muster steckt dahinter:

Wenn ein Mensch aus unserer Umgebung damit droht, uns diese Anerkennung zu entziehen, schlägt das Unterbewusstsein sofort Alarm. Es bringt uns zu Aussagen wie: »Ja, Chef, wird sofort erledigt«, »Du hast ja Recht, Schatz«, »Ich finde deine Idee toll, Sabine«. Es handelt also in guter Absicht, weil es uns in Wirklichkeit schützen will. Sonja und Thomas haben Angst davor, abgelehnt zu werden, wenn sie widersprechen. In ihnen läuft ein Film ab, der ihnen in diesem Moment ihre schlimmsten Ängste und Befürchtungen vorspielt, nämlich allein, verlassen und schutzlos dazustehen. Das wollen sie auf keinen Fall zulassen. Also wird

Sonja ihrer Freundin oder Thomas seinen Sportkameraden alles zugestehen, um die überlebenswichtige Anerkennung zu behalten. Natürlich ist das Bedürfnis nach Anerkennung bei jedem Menschen unterschiedlich ausgeprägt. Selbstsichere Menschen haben im Verlauf ihres Lebens gelernt, dass sie in Sicherheit leben und ihnen keine Gefahr durch den Entzug von Anerkennung droht. Also machen sie sich von der Anerkennung anderer Menschen unabhängig. Sie verfolgen ihre eigenen Ziele, setzen ihre Interessen durch und tun auch sonst, was sie persönlich für richtig halten, ohne sich um die Meinung anderer zu kümmern. Paradoxerweise führt dieses Verhalten zu mehr Anerkennung, weil sie genau dafür von vielen Menschen bewundert werden.

Unsichere Menschen durchlaufen eine andere Entwicklung. Sie haben in ihrem

Leben vor allem einen Mangel an Anerkennung erfahren. In ihnen setzte sich so die Überzeugung fest, dass das Leben keine Verlässlichkeit bietet und die Anerkennung anderer Menschen überlebenswichtig ist. Diese Entwicklung wurde meist in frühen Kindheitstagen durch die Eltern angestoßen. Sie erzogen ihr Kind vielleicht mit unangemessen strenger Hand, ließen es als Baby viel schreien, bestraften es häufig durch Liebesentzug und vermittelten ihm dadurch ein dauerhaftes Gefühl von Unsicherheit. In der Schule kamen ähnliche Erfahrungen hinzu und im späteren Leben verstärkte sich dieses Muster im Zusammenleben mit Freunden und Arbeitskollegen.

Jeder auf diese Weise verunsicherte Mensch entwickelt im Lauf der Zeit eine eigene Strategie, wie er sich die nötige Anerkennung von anderen holt. Manche bemühen sich, es anderen ständig und immer recht zu machen. Sie scheuen Konflikte, stimmen grundsätzlich zu und sind extrem harmoniebedürftig. Andere arbeiten ohne Unterlass. Sie sind ehrgeizig, treiben sich ununterbrochen an und glauben, dass sie vor allem ihrer Leistung wegen geliebt werden. Man spricht daher auch davon, dass jemand »vom Ehrgeiz getrieben« ist.

Das Antreiberkonzept

Die beschriebenen Verhaltensweisen sind auch für Familie, Freunde oder Kollegen unsicherer Menschen nicht immer leicht zu ertragen. Jasager gelten als Menschen ohne Rückgrat, die kaum ernst genommen werden. Ehrgeizige Menschen gelten dagegen als Antreiber und sind ebenfalls oft unbeliebt. Aus diesem Grund ist es sinnvoll, sich mit seinen Verhaltensweisen zu beschäftigen und sich zu fragen, ob dieses Verhalten der eigenen Entwicklung im Wege steht. Für die Analyse entwickelten Psychologen das sogenannte Antreiberkonzept. Es unterscheidet fünf Typen von Verhaltensweisen, die wir Menschen entwickelt haben, um uns Anerkennung zu verschaffen.

Bei jedem Menschen steht ein anderer Antreiber im Vordergrund. Vielfach werden wir auch von zwei oder drei Antreibern dominiert. Jeder Antreiber besitzt zwei Seiten. Er ist für unsere Stärken verantwortlich, also für die Eigenschaften, die dafür sorgen, dass wir beispielsweise im Beruf vorankommen oder Anerkennung durch unsere Freunde finden. Wenn wir nur die Stärken der Antreiber einsetzen, sind sie eine sehr nützliche Einrichtung, die uns viele Vorteile verschafft. Doch die Antreiber besitzen auch eine Kehrseite: Sie treiben uns im wahrsten Sinne des Wortes an und verhindern damit, dass wir zu uns selbst finden und unsere wahren Interessen und Absichten entdecken können. Damit schaden sie uns.

Ein gutes Beispiel hierfür ist Ehrgeiz. Im Grunde ist er eine gute Eigenschaft, weil er Menschen zu außerordentlichen Leistungen befähigt. Ehrgeizige Menschen verfolgen meist hochgesteckte Ziele und besitzen die Fähigkeit, andere dafür zu begeistern. Die Kehrseite dieses Antreibers ist jedoch, dass ehrgeizige Menschen sich von ihren Zielen geradezu hetzen lassen und sich nicht auf ihren Erfolgen, die sie auf dem Weg dorthin errungen haben, ausruhen können. Innerlich sind diese Persönlichkeitstypen oft hochgradig unzufrieden und hin und her gerissen zwischen verschiedenen Ideen und Plänen. Bei Freunden, Familienmitgliedern oder Kollegen machen sie sich unbeliebt, weil sie andere oft gnadenlos antreiben und Menschen nur nach ihren Leistungen beurteilen. Im Extremfall kämpft ein ehrgeiziger Mensch oft sein ganzes Leben lang verzweifelt um Anerkennung durch die Gesellschaft und hört damit selbst dann nicht auf, wenn er schon eine hohe gesellschaftliche Position erreicht hat oder viel Vermögen erwirtschaften konnte.

Solche Antreiber führen oft zu zwanghaften Verhaltensweisen und beseitigen dabei in keiner Weise die tief sitzenden Ängste, die der Auslöser dafür sind. Wenn man diese Antreiber loswerden will, muss man sie kennenlernen und verstehen, warum man ein bestimmtes Verhalten für unerlässlich hält. Fragen Sie sich zum Beispiel einmal kritisch, warum Sie jeden Tag zehn bis zwölf Stunden arbeiten oder Ihre Küche immer tipptopp geputzt aussehen muss. Wenn Sie sich in dieser Art mit Ihren Antreibern auseinandersetzen, werden Sie irgendwann in der Lage sein, frei zu entscheiden, ob Sie sie weiterhin brauchen oder Ihr Verhalten an diesem Punkt ändern wollen. Machen Sie sich daher klar, welche Bedeutung die Antreiber in Ihrem Leben spielen. Kontrollieren Sie Ihre Antreiber noch oder werden Sie schon längst kontrolliert? Verhalten Sie sich bereits zwanghaft oder bestimmen Sie Ihr Leben in allen wesentlichen Punkten noch selbst?

Der folgende Test unterstützt Sie dabei, Ihre Antreiber herauszufinden. Im Anschluss finden Sie eine Übung, mit der Sie Ihre Antreiber neutralisieren können. Nehmen Sie sich für die Übung genügend Zeit und suchen Sie einen Zeitpunkt des Tages aus, an dem Sie ungestört daran arbeiten können.

TEST: *Kennen Sie Ihre Antreiber?*

Schritt 1

Beantworten Sie die folgenden Aussagen mithilfe der Bewertungsskala, wie Sie sich im Moment selbst sehen. Schreiben Sie die entsprechende Bewertung in den dafür vorgesehenen Raum oder auf ein Blatt Papier. Um mehr Trennschärfe zu erzielen, benutzen Sie so selten wie möglich die Kategorie »3«. Die Aussage trifft auf mich zu:

1 gar nicht – 2 kaum – 3 etwas – 4 gut – 5 voll und ganz

1. Wann immer ich eine Arbeit mache, erledige ich sie gründlich.	
2. Ich fühle mich verantwortlich, dass diejenigen, die mit mir zu tun haben, sich wohlfühlen.	
3. Ich bin ständig auf Trab.	
4. Anderen gegenüber zeige ich meine Schwächen nicht gern.	
5. Wenn ich raste, roste ich.	
6. Häufig gebrauche ich den Satz: »Es ist schwierig, etwas so genau zu sagen.«	
7. Ich sage oft mehr, als eigentlich nötig wäre.	
8. Ich habe Mühe, Leute zu akzeptieren, die nicht genau sind.	
9. Es fällt mir schwer, Gefühle zu zeigen.	
10. »Nur nicht locker lassen« ist meine Devise.	
11. Wenn ich eine Meinung äußere, begründe ich sie auch.	
12. Wenn ich einen Wunsch habe, erfülle ich ihn mir schnell.	
13. Ich liefere einen Bericht erst ab, wenn ich ihn mehrmals überarbeitet habe.	
14. Leute, die »herumtrödeln«, regen mich auf.	
15. Es ist für mich wichtig, von den anderen akzeptiert zu werden.	
16. Ich habe eher eine harte Schale, aber einen weichen Kern.	
17. Ich versuche oft, herauszufinden, was andere von mir erwarten, um mich danach zu richten.	
18. Leute, die unbekümmert in den Tag hinein leben, kann ich nur schwer verstehen.	
19. Bei Diskussionen unterbreche ich die anderen oft.	
20. Ich löse meine Probleme selbst.	
21. Aufgaben erledige ich möglichst rasch.	
22. Im Umgang mit anderen bin ich auf Distanz bedacht.	
23. Ich sollte viele Aufgaben noch besser erledigen.	

24. Ich kümmere mich persönlich auch um nebensächliche Dinge.

25. Erfolge fallen nicht vom Himmel, ich muss sie hart erarbeiten.

26. Für dumme Fehler habe ich wenig Verständnis.

27. Ich schätze es, wenn andere auf meine Fragen rasch und bündig antworten.

28. Es ist mir wichtig, von anderen zu erfahren, ob ich meine Sache gut gemacht habe.

29. Wenn ich eine Aufgabe einmal begonnen habe, führe ich sie auch zu Ende.

30. Ich stelle meine Wünsche und Bedürfnisse zugunsten anderer Personen zurück.

31. Ich bin anderen gegenüber oft hart, um von ihnen nicht verletzt zu werden.

32. Ich trommle oft ungeduldig mit den Fingern auf den Tisch.

33. Beim Erklären von Sachverhalten verwende ich gern die klare Aufzählung (1., 2., 3.).

34. Ich glaube, dass die meisten Dinge nicht so einfach sind, wie viele meinen.

35. Es ist mir unangenehm, andere Leute zu kritisieren.

36. Bei Diskussionen nicke ich häufig mit dem Kopf.

37. Ich strenge mich an, um meine Ziele zu erreichen.

38. Mein Gesichtsausdruck ist eher ernst.

39. Ich bin sehr nervös.

40. So schnell kann mich nichts erschüttern.

41. Meine Probleme gehen die anderen nichts an.

42. Ich sage oft: »Macht mal vorwärts.«

43. Ich sage oft »genau«, »exakt«, »klar«, »logisch«.

44. Ich sage oft: »Das verstehe ich nicht.«

45. Ich sage eher »Können Sie es nicht einmal versuchen?« als »Versuchen Sie es einmal«.

46. Ich bin diplomatisch.

47. Ich versuche, die an mich gestellten Erwartungen zu übertreffen.

48. Beim Telefonieren bearbeite ich nebenbei oft noch Akten.

49. »Die Zähne zusammenbeißen« heißt meine Devise.

50. Trotz enormer Anstrengung will mir vieles einfach nicht gelingen.

Schritt 2

Übertragen Sie Ihre Punkte bitte in die folgende Tabelle und bilden Sie die Summe für die jeweilige Kategorie. Die Nummer in der Tabelle bezeichnet dabei die Nummer der Frage aus der Tabelle oben.

Sei perfekt!		Beeil dich!		Streng dich an!		Sei gefällig!		Sei stark!	
Frage	Punkte	Frage	Punkte	Frage	Punkte	Frage	Punkte	Frage	Punkte
1		3		5		2		4	
8		12		6		7		9	
11		14		10		15		16	
13		19		18		17		20	
23		21		25		28		22	
24		27		29		30		26	
33		32		34		35		31	
38		39		37		36		40	
43		42		44		45		41	
47		48		50		46		49	
Summe									

Schritt 3

Zeichnen Sie jetzt Ihre Antreiber in die folgende Tabelle ein: (Skala von 1–50 einfügen)

50					
45					
40					
35					
30					
25					
20					
15					
10					
5					
Wert/ Antreiber	Sei perfekt!	Beeil dich!	Streng dich an!	Sei gefällig!	Sei stark!

Ihre Auswertung

Der Antreiber mit der höchsten Zahl ist Ihr dominierender Antreiber. Sollten bei Ihnen alle Antreiber etwa gleich gewichtet sein, empfehlen wir, den Test in einigen Tagen zu wiederholen und die Punktwertung »3« weitgehend zu vermeiden.

Die Antreiber

Hier stellen wir Ihnen die fünf Antreiber vor:

1. Sei perfekt!
Dieser Antreiber ist bei sehr gründlichen und genauen Menschen zu finden. Wenn Sie diesen Antreiber in sich tragen, liegt es Ihnen, Dinge bis ins Detail hinein zu planen und durchzuführen. Ihr Perfektionismus bereitet Ihnen jedoch auch Probleme. So betreiben Sie stets einen sehr hohen Aufwand, um perfekt zu sein. Gleichzeitig reagieren Sie überaus empfindlich gegenüber Kritik und stellen sich ständig vor, was alles schiefgehen kann. Diese Katastrophenfantasien erschweren Ihnen oft das Leben. Außerdem neigen Sie dazu, Aufgaben immer wieder neu zu beginnen, weil Sie mit dem alten Entwurf nicht zufrieden sind. Ein Beispiel für diesen Antreibertyp sind Menschen mit einem »Putzfimmel«.

2. Beeil dich!
Dieser Antreiber ist typisch für Menschen, die dynamisch wirken, schnell sind und viele Ideen in kurzer Zeit entwickeln können. Da sie sich jedoch innerlich stets gehetzt fühlen, wirken sie oft wie getrieben. Betroffene Personen sind ständig in Zeitnot, haben Angst, zu spät zu kommen oder etwas zu verpassen. Weil sie oft Hektik verbreiten, nerven sie zuweilen ihre Umgebung. Manchmal wirken sie auch konfus oder kopflos.

3. Streng dich an!
Wer diesen Antreiber besitzt, verspürt einen starken Leistungsdruck, wenn er vor Herausforderungen steht. Sich freud- oder gar lustvoll Leistungen zu stellen scheint diesen Menschen nicht möglich zu sein; in der Zusammenarbeit mit ihnen haben andere oft das Gefühl, gegen einen unsichtbaren Widerstand anzukämpfen. Die Stärken von Menschen mit dieser Dynamik sind ihr Durchhaltevermögen und ihre Beharrlichkeit. Sisyphos, eine antike Sagengestalt, verkörpert diesen Typus am besten. Er war dazu verdammt, einen Stein einen steilen Berg emporzurollen. Kurz vor dem Ziel entglitt ihm der Stein jedes Mal und er musste von vorn beginnen.

4. Sei gefällig!

Dieser Antreibertyp will vor allem das Wohlbefinden anderer Menschen sicherstellen. Die »Sei gefällig«-Typen erkundigen sich stets nach den Bedürfnissen, Wünschen und Erwartungen anderer und verleugnen dabei ihre eigenen Ansprüche und Vorstellungen. Ihre Stärke ist ihre »soziale Ader«. Doch Außenstehende wissen oft nicht, warum diese Menschen eigentlich wirklich so sind. Menschen mit dieser Dynamik sind sehr empfänglich für Gruppenprozesse und soziale Stimmungen. Ihnen ist das Wohlergehen anderer Menschen zudem ein großes Anliegen.

5. Sei stark!

Menschen mit dieser Antreiberdynamik versuchen, ihre Gefühle und ihre Befindlichkeit nach außen zu verbergen. Ihre Sprache oder Ausdrucksweise trägt dem Rechnung und versucht, allzeit Stärke und Unangreifbarkeit zu vermitteln. Auf ihre Umwelt wirken sie angespannt und umgekehrt fühlen sich andere in ihrer Gegenwart oft unter Druck gesetzt. Kampfgeist, Ausdauer und hohe Leistungsbereitschaft sind positive Eigenschaften dieses Antreibers.

👉 ÜBUNG: *Antreiber auflösen*

Mit der folgenden Übung können Sie Ihre Antreiber reduzieren oder sich ganz von ihnen trennen. Machen Sie diese Übung ab dem Punkt 2, wenn Sie etwas Ruhe haben. Sie brauchen eine halbe bis ganze Stunde dafür.

1. Identifizieren Sie Ihre persönlichen Antreiber mit dem obigen Test. Prüfen Sie, ob Ihr Testergebnis mit Ihrem eigenen Eindruck übereinstimmt. Fragen Sie im Zweifel auch Menschen Ihres Vertrauens, wie diese Sie einschätzen.

2. Fragen Sie sich, welche Vorteile Ihnen Ihre Antreiber bieten. Fragen Sie sich aber auch, welche Nachteile damit verbunden sind. Schreiben Sie das Ergebnis auf ein Blatt Papier.

3. Überlegen Sie sich jetzt, ob Sie bereit sind, auf Ihre Antreiber zu verzichten. Was wird sich ändern? Welche Gewohnheiten müssen aufgegeben werden? Wo verspüren Sie Unbehagen, wenn Sie daran denken, künftig ohne Ihre Antreiber zu leben?

4. Sagen Sie laut: »Ja, ich will auf meine Antreiber verzichten.« Wenn Ihnen dieser Satz locker und frei von den Lippen kommt, sind Sie bereit. Wenn Sie beim Sprechen noch Widerstände verspüren, dann gehen Sie bitte zu Punkt 2 und 3 zurück. Vielleicht sind Sie innerlich noch nicht bereit für den Verzicht. Das macht nichts. Warten Sie einfach einige Tage oder Wochen und wiederholen die Übung.

5. Geben Sie sich jetzt innerlich die Erlaubnis, auf Ihre Antreiber zu verzichten. Für jeden Antreiber haben wir hierzu einen Vorschlag formuliert, der Ihnen helfen wird, diese Erlaubnis leichter auszudrücken. Ebenso können Sie natürlich auch eine eigene Formulierung verwenden.
Sprechen Sie Ihre Erlaubnissätze mehrfach laut aus und spüren Sie dabei in sich hinein, wie überzeugend sich die Formulierung für Sie anhört. Wiederholen Sie die Sätze später, falls sie beim ersten Mal noch nicht so richtig glaubhaft geklungen haben. Schreiben Sie Ihre Erlaubnissätze nun auf ein Blatt Papier und hängen es an einer gut sichtbaren Stelle auf. Wiederholen Sie diese Sätze gelegentlich.

Wir empfehlen die folgenden Formulierungen, um Ihre Antreiber zu neutralisieren:

1. Sei perfekt! → Antwort: »Ich bin gut genug, so wie ich bin. Ich darf Fehler machen und daraus lernen.«

2. Beeil dich! → Antwort: »Ich darf mir Zeit nehmen. Ich darf innehalten und in Ruhe nachdenken oder einfach nur die Zeit genießen. Ich darf auch mal nichts tun.«

3. Streng dich an! → Antwort: »Ich darf Dinge gelassen abschließen. Ich darf mich über meine Erfolge freuen. Ich muss nur für mich Verantwortung übernehmen. Andere können für sich selbst sorgen.«

4. Sei gefällig! → Antwort: »Ich darf mich wichtig nehmen. Ich darf herausfinden, was ich selbst will. Ich habe das Recht auf meine eigene Meinung.«

5. Sei stark! → Antwort: »Ich darf meine Wünsche ausdrücken und Bedürfnisse haben. Ich darf mich auf meine Gefühle verlassen. Ich darf mir Hilfe holen.«

Im Laufe der Zeit werden Sie feststellen, wie sich Ihr Verhalten ändert. Bestimmten Situationen gegenüber werden Sie gelassener, Ihr innerer Druck nimmt ab. Natürlich passiert eine solche Veränderung nicht über Nacht, sondern in kleinen Schritten. Daher ist es sehr wichtig, dass Sie kontinuierlich an sich arbeiten und Ihr Verhalten gelegentlich hinterfragen. Fragen Sie sich zum Beispiel, warum Sie Katastrophenfantasien entwickeln und Angst haben, dass etwas schiefgehen könnte. Was kann genau schiefgehen und wie würde Sie das betreffen? Oder hinterfragen Sie, warum Sie für die Menschen in Ihrem Umfeld verantwortlich sind. Was würde passieren, wenn Sie diese Menschen einfach sich selbst überlassen? Vermutlich nichts. Mit der Beantwortung solcher Fragen kommen Sie Ihren eigenen Antreibern Schritt für Schritt auf die Spur und können sie entschärfen.

Ziele

Um wirklich selbstbestimmt zu leben, müssen Sie erst einmal herausfinden, was Sie selbst überhaupt wollen. Mögen Sie lieber italienisches oder asiatisches Essen? Liegen Ihre Prioritäten auf den familiären Belangen oder im Freundeskreis? Wenn es Ihnen egal ist, werden Sie kaum das eine oder andere durchsetzen können. Natürlich ist es auch in Ordnung, nicht in jeder Lebenslage zu wissen, was man will. Doch die Grundtendenz beziehungsweise der Wille dazu sollte vorhanden sein. Psychologen haben herausgefunden, dass eigene Ziele motivierend wirken und das Verfolgen und Erreichen solcher Ziele insgesamt zu einem glücklicheren und zufriedeneren Leben führt!

Warum sind Ziele so wichtig?

Menschen, die ihr eigenes Ziel nicht kennen, verhalten sich oft wie ein Blatt im Wind. Sie schwanken hin und her, sind anderen hilflos ausgeliefert und finden ihren Weg nicht. Sobald sie jedoch ein Ziel haben, können sie es auch ansteuern. Ihr Verhalten ändert sich dann schlagartig. Daher besteht ein wichtiger Schritt auf dem Weg zu einem selbstbestimmten und selbstbewussten Leben darin, sich über seine Ziele im Klaren zu sein.

Wenn Sie eindeutige Ziele haben, strafft sich Ihr Leben. Sie konzentrieren sich auf die Dinge, die Sie auch tun wollen. Dadurch erzielen Sie mehr Erfolge. Sie entwickeln einen Plan für Ihr Leben oder für einzelne Lebensabschnitte. All das macht Sie zufriedener und glücklicher. Natürlich sind Sie auch für Manipulationsversuche von anderen Menschen weniger empfänglich, wenn Sie wissen, was Sie wollen.

Ziele gibt es auf verschiedenen Ebenen. Man kann sich beispielsweise zum Ziel setzen, die Küche regelmäßiger aufzuräumen. Ebenso kann man sich jedoch auch zum Ziel setzen, in zehn Jahren als Millionär in seiner eigenen Villa am See zu leben. Beides ist realistisch, wobei das zweite Ziel natürlich anspruchsvoller ist als das erste. Da es aber immer wieder Menschen schaffen, Millionär zu werden, dürfen auch Sie ein solches Ziel anstreben.

Wir wollen Ihnen im folgenden Kapitel Hinweise und Übungen zum Umgang mit Zielen an die Hand geben. Dabei starten wir bei den großen Zielen, weil wir glauben, dass Menschen, die eine Vision oder einen Plan in ihrem Leben haben, ganz anders agieren als Menschen, die ohne Ziele leben.

➡ **WISSENSWERTES**

Wer Ziele verfolgt, weiß meist, was er will. Er lässt sich weniger von außen beeinflussen, weil er nur die Dinge zulassen wird, die zu seinen Zielen passen. Damit wirkt er von innen heraus bestimmter und selbstbewusster in seinem Auftreten.

Aber auch wenn man kein langfristiges oder großes Ziel hat, sondern nur kurzfristige und kleine Ziele verfolgt, deren Erfüllung im Bereich von Tagen oder Wochen liegt, wird man automatisch zielstrebiger vorgehen und damit auch sein Selbstbewusstsein stärken.

Beispiel Sonja & Katja

Die Weihnachtsfeiertage sind vorüber. Sonja und Katja haben beide etwas über die Stränge geschlagen, die Waage zeigt ein paar Kilo zu viel an. Die mussen wieder runter, denn die Bikini-Saison steht bald vor der Tür.

Katja geht ihr Diät-Programm sehr zielstrebig an. Sie will in sechs Wochen wieder ihre gewohnten 68 Kilo auf die Waage bringen. Ihr erster Weg führt in die nahe gelegene Buchhandlung, in der sie sich zwei aktuelle Ratgeber über Ernährung und Abnehmen kauft. Auf dem Rückweg meldet sie sich gleich im Fitnessstudio an. Dort wird passend für ihre Zwecke ein sechswöchiger Kurs zur Fettreduzierung angeboten. Danach mistet die junge Mutter den Kühlschrank aus, schreibt einen Einkaufszettel mit lauter gesunden Sachen und besorgt diese noch am selben Tag. Schon am nächsten Tag gibt es nur noch Gerichte nach den neu erstandenen Rezepten und Katja macht es sich zur Gewohnheit, zweimal die Woche im Fitnessstudio zu trainieren. Daneben geht sie noch zweimal die Woche jeweils eine halbe Stunde joggen. Dieses Programm zieht Katja eisern durch. Als Motivation benutzt sie ein Bild, auf dem sie sich in Gedanken schon mit straffem Bauch am Strand liegen sieht. Auch ihre Familie profitiert von der Ernährungsumstellung und macht das Programm mit.

Auch Sonja beschließt, etwas gegen die überflüssigen Pfunde zu unternehmen. In einer Frauenzeitschrift findet sie ein paar Tipps, die ihr gefallen. Low-Carb, also wenig Kohlenhydrate, klingt für sie wie ein Zauberwort. Sport ist auch gut. Als Ziel nimmt sie sich vor, wenigstens etwas abzunehmen. Doch erst einmal steht das Wochenende vor der Tür, die Schwiegereltern haben sich angesagt und wollen ihre berühmte Sahnetorte mitbringen. Daher beschließt Sonja, erst am Montag mit der Diät zu starten. Leider passt es dann auch gerade nicht und so kommt sie erst am Dienstag dazu, ihr erstes Low-Carb-Mittagessen zu kochen. Und wie sie schon ahnte, schmeckt es nicht besonders. Das wird wohl mühsam werden, denkt sie sich frustriert. Zudem muss sie ja während der Kur zwei Mahlzeiten kochen – eine diätische für sich und ein »normales« Essen für die Familie. Den anderen zuzuschauen, wie es ihnen schmeckt, ist auch kein Vergnügen. Am Mittwoch geht sie zum ersten Mal joggen. Wann das wohl was bringt? Wenn die junge Frau sich im Spiegel anschaut, sieht sie nur noch ihre Fettpölsterchen. Das demotiviert sie und sie zweifelt, ob dieser Zustand überhaupt zu verändern ist. Die nächsten Wochen verlaufen ähnlich holprig. Wenigstens klappt das Joggen einigermaßen.

Nach sechs Wochen treffen sich die beiden Frauen wieder. Katjas Kur hat funktioniert und sie wiegt tatsächlich 68 Kilogramm – genau wie sie es geplant hatte –, ist glücklich und sprüht vor Tatkraft. Sonja hingegen hat in derselben Zeit nur 1,5 Kilo abgenommen und ist nicht besonders zufrieden mit sich.

Visionboard

Das Visionboard ist eine Methode, um langfristige Ziele visuell festzuhalten. Es dient dazu, kreative Ideen zu entwickeln, seine Gedanken zu ordnen und diese sichtbar und erinnerbar zu machen. Die Methode ist ganz einfach. Gehen Sie dazu in folgenden Schritten vor:

1. Sammeln Sie Zeitschriften, Illustrierte, Prospekte (zum Beispiel aus dem Reisebüro), Werbeflyer und andere Materialien, die bunte Fotos enthalten. Es darf ruhig ein großer Stapel werden.

2. Nehmen Sie sich eine ruhige Stunde, beispielsweise am Abend oder am Wochenende. Besorgen Sie sich ein sehr großes Blatt Papier, ein Stück Tapete oder etwas Ähnliches. Natürlich geht die Übung auch mit einem kleineren Blatt. Organisieren Sie außerdem eine Schere und einen Klebestift.

3. Blättern Sie jetzt Ihren Stapel durch und schneiden Sie alles aus, was Ihnen spontan gefällt: ein Stück Strand, ein toller Sportwagen, ein Blick auf die Berge. Sammeln Sie Ideen und schneiden Sie Ihre Träume aus.

4. Ordnen Sie Ihre ausgeschnittenen Ideen auf dem Tisch. Legen Sie diese am besten nach Gruppen zusammen. Werfen Sie alles weg, was Ihnen beim zweiten Blick nicht mehr gefällt oder was überflüssig ist.

5. Kleben Sie nun die ausgewählten Bilder auf das Papier. Erstellen Sie eine Kollage, so wie Sie das vielleicht in der Schule zum letzten Mal gemacht haben. Ordnen Sie die Fotos so an, wie es Ihnen Spaß macht. Kleben Sie Ihre Träume und Ziele auf.

6. Das Ergebnis ist ein buntes Plakat mit Ihren ganz persönlichen Träumen, Ihr Visionboard. Hängen Sie es an einen Platz, an dem Sie es oft vor Augen haben, zum Beispiel neben Ihren privaten Schreibtisch oder in die Nähe Ihres Kleiderschranks. Es sollte ein Platz sein, an dem es niemanden stört, aber von Ihnen trotzdem täglich gesehen werden kann. Mit dem Visionboard haben Sie Ihre Ziele stets vor Augen. Sie werden feststellen, dass sich Ihr Blick auf die Dinge ändert. Ihnen wird schlagartig klar, was Sie vielleicht schon immer wollten. Auf einmal werden Sie Energie mobilisieren, um diese Dinge auch zu erreichen.

Von der Vision zum Ziel

Das Visionboard stellt Ihre Visionen und großen Ziele dar. Doch wie geht es nun weiter? Wie setzt man seine Ziele ganz praktisch in Erfolgserlebnisse um? Hierfür möchten wir Ihnen eine Übung vorstellen und im Anschluss weitere Tipps geben, wie Sie mit Zielen arbeiten können.

 ÜBUNG: *Ziele vornehmen und verankern*

Viele Menschen nehmen sich ständig neue Ziele im Leben vor, erreichen diese jedoch nur selten. Das kann beispielsweise daran liegen, dass das einzelne Ziel nicht tief genug im Unterbewusstsein verankert ist, dass innere Widerstände auftauchen oder dass das Ziel von vornherein unerreichbar erscheint.

Mit der folgenden Übung können Sie Ihre Ziele überprüfen und fest bei sich verankern. Auch hier empfehlen wir wieder, sich für diese Übung eine ruhige Stunde zu reservieren und die Übung Schritt für Schritt durchzugehen. Sie können diese Übung auch zusammen mit einem Partner machen. Dabei geht der Partner die Punkte mit Ihnen durch und stellt die Fragen. Um die Methode vorzuführen, gehen wir zurück auf unser ursprüngliches Beispiel und stellen uns vor, dass auch Sie ein paar Kilo abnehmen möchten.

Grundlage: Um ein Ziel in ein Resultat zu verwandeln, müssen Sie es aus verschiedenen Blickwinkeln untersuchen. Das Ziel muss **motivierend** und **wünschenswert**, aber auch **realistisch** und **erreichbar** sein. Stellen Sie sich dazu bitte folgende Fragen:

1. Drücke ich mein Ziel auf eine positive Art und Weise aus? Ist es auf etwas ausgerichtet, das ich will, statt auf etwas, das ich nicht will?
   Beispiel: Richtig: Ich nehme fünf Kilo ab. Falsch: Ich will weniger wiegen.

2. Ist das Ziel präzise formuliert? Habe ich eine klare Vorstellung davon, wann, wo und mit wem ich das Ziel erreichen will?
   Beispiel: Ich will in genau drei Monaten 68 Kilo anstelle von 73 Kilo wiegen. Das schaffe ich allein/mit der Hilfe meines Partners.

3. Ist das gewünschte Ziel realistisch? Was muss ich tun? Wie kann ich andere dazu bringen, mich zu unterstützen?
   Beispiel: In einem Monat werde ich kaum zehn Kilo abnehmen können. Ein solches Ziel wird mich mit Sicherheit demotivieren. Aber innerhalb von drei Monaten kann ich sehr gut fünf Kilo abnehmen. Als Unterstützung brauche ich vielleicht eine Freundin, die regelmäßig mit mir Sport treibt.

4. Welche Hilfsmittel habe ich, die mich dabei unterstützen, dieses Ziel zu erreichen? Hilfsmittel können sein: Fähigkeiten, Fertigkeiten, persönliche Qualitäten, aber auch andere Menschen, die Vorbilder sind oder mich unterstützen, sowie Besitztümer oder Geld.
   Beispiel: Mit Sicherheit geht es leichter, wenn ich beginne, regelmäßig Sport zu treiben. Und ich stelle meine Ernährung um und ersetze den aktuellen Kühlschrankinhalt durch gesunde Kost. Dazu kaufe ich mir ein Buch über Fitness. Vorbild ist meine alte Klassenkameradin, die es auch geschafft hat.

5. Wie viel mentale und körperliche Anstrengung und/oder Geld muss ich dafür aufbringen? Was muss ich aufgeben? Ist es das wert?
   Beispiel: Wenn ich abnehmen will, muss ich auf mein tägliches Stück Kuchen sowie den wöchentlichen Pizzaabend verzichten. Außerdem sollte ich weniger Alkohol trinken. Ist mir meine Wunschfigur dieses Opfer wert? Vielleicht verliere ich ja auch meine Stammtisch-Freunde, mit denen ich immer Pizza essen gehe. Oder schaffe ich es, einen Salat zu bestellen, wenn die anderen Pizza nehmen?

6. Wie kann ich das Positive aus der gegenwärtigen Situation in das Ziel einbringen?
   Beispiel: Ja, ich habe zugenommen. Aber ich weiß jetzt, was ich will, und kann mein Verhalten ändern. Und auf meinem neuen Visionboard klebt meine Traumfigur.

7. Muss ich kleinere, unterstützende Ziele ausmachen? Wie könnten Zwischenziele aussehen? Gibt es Hindernisse?
   Beispiel: Vielleicht sind fünf Kilo für den Anfang zu viel. Ich kann erst einmal auch damit zufrieden sein, auf der Wage eine 6 vorne zu sehen. Wenn ich weniger als 70 Kilo wiege, habe ich mein erstes Etappenziel erreicht. Ein Hindernis ist ganz klar die Bäckerei, an der ich jeden Nachmittag vorbeikomme. Ich werde von nun an einen anderen Heimweg wählen.

8. Welche weitreichenden Konsequenzen hat es, wenn ich mein Ziel erreiche? Welchen Einfluss besitzt es auf andere?

Beispiel: Bisher habe ich einen sehr unsportlichen und überwiegend übergewichtigen Freundeskreis. »Sport ist Mord« ist dort die vorherrschende Meinung. Wie werden mich meine Freunde wahrnehmen, wenn ich schlank und sportlich bin? Werden sie mich noch akzeptieren? Auch mein Ehepartner gehört zu dieser Fraktion. Wie kommt er damit zurecht, wenn bei mir auf einmal die Pfunde purzeln? Oder kann ich vielleicht sogar meinen Freundeskreis erweitern, indem ich neue aktive Leute kennenlerne, die ebenfalls Spaß am Sport haben?

9. Was sagt mir mein Gefühl, wenn ich das Ziel erreicht habe? Was werde ich sehen, hören und fühlen?
   Beispiel: Kann ich mich vor meinem inneren Auge sehen, wenn ich die neue Figur habe? Kann ich spüren, wie sich mein Körper anfühlen wird? Wie werde ich mich mit einer Kleidergröße weniger bewegen?

10. Kann ich mich mit dem gesteckten Ziel identifizieren?
    Beispiel: Will ich überhaupt abnehmen? Oder esse ich lieber immer, was ich will?

Prüfen Sie diese Fragen alle in Ruhe. Wenn Sie irgendwo einen inneren Widerstand verspüren, gehen Sie diesem nach und setzen Sie sich mit dem Thema auseinander. Vielleicht dauert diese Auseinandersetzung eine Weile. Das macht nichts. Denn wenn Sie Ihren inneren Widerstand gegen das Ziel bestehen lassen, wird dieser mit hoher Wahrscheinlichkeit Ihre Zielerreichung verhindern. Unser Unterbewusstsein arbeitet hier sehr effizient und ist verantwortlich für die vielen großen und kleinen Alternativ-Ziele, denen wir täglich begegnen und die uns vielleicht so viel attraktiver erscheinen als das eigene. Hier heißt es durchhalten! Wenn Sie diese Fragen geklärt haben, **dann geht es los!**

In der folgenden Übersicht fassen wir kurz zusammen, was bei der Zielerreichung wichtig ist beziehungsweise welche Fehler Sie unbedingt vermeiden sollten.

Falsch	Richtig
Verwenden Sie keine schwammigen Aussagen wie: »Ich möchte selbstbewusster werden.«	Formulieren Sie Ihre Ziele so präzise wie möglich, z. B.: »Ich möchte mich künftig im Verein durchsetzen können.«
Vermeiden Sie Ultimaten und Drohungen. Auf die Forderung wie »Ab heute werde ich …« wird Ihr Unterbewusstsein erst einmal mit Abwehr reagieren.	Machen Sie sich klar, was die Belohnung für Ihre Zielerreichung sein wird. Schöne Ziele wie ein schlanker Körper oder Ansehen durch Ihre Freunde motivieren Sie am besten.
Verbannen Sie Negativsätze: »Ich will nicht mehr so viel essen.« Oder: »Ich will mich nicht mehr unterkriegen lassen.« Sie werden vom Unterbewusstsein nichtgespeichert. Es hört nur »essen« und »unterkriegen lassen«. Fatal.	Drücken Sie sich positiv und konkret aus: »Ich esse heute Mittag nur gesunde Sachen, und zwar …« Oder: »Ich halte dem Blick des Chefs künftig stand.« Das versteht Ihr Gehirn problemlos.
Wählen Sie Ihr Ziel nicht zu hoch. Manche Menschen erwarten, in einer Woche vom stillen Mauerblümchen zum umjubelten Star zu werden. Das wird kaum funktionieren.	Legen Sie Etappenziele fest und peilen Sie Ihr Ziel Schritt für Schritt an. Freuen Sie sich über jeden Teilerfolg. So werden Sie auf der ganzen Linie erfolgreich.

Der *Der* RICHTIGE UMGANG *mit* SICH SELBST

Wenn Sie Ihr Selbstbewusstsein verbessern möchten, sollten Sie zuerst bei sich beginnen. Ihr eigener Auftritt und Ihr Verhalten bestimmen, wie Sie nach außen wirken. Hier bieten wir Ihnen Tipps und Möglichkeiten, wie Sie effektiv und schnell Ihr eigenes Verhalten erkennen und verändern können.

Ändern Sie Ihr Verhalten

Bisher haben Sie erfahren, woher Selbstbewusstsein kommt und was Sie tun können, um mehr über sich selbst zu erfahren. Um Selbstbewusstsein aufzubauen und auch nach außen tragen zu können, ist es nun wichtig, das eigene Verhalten anzuschauen. Es gilt hier vor allem Muster zu erkennen, zu überprüfen und zu bewerten. Unter Umständen ist es notwendig, eingeschliffene Verhaltensweisen, die Ihre Selbstsicherheit schwächen, loszulassen oder gezielt zu verändern. Wie dies gelingen kann, erfahren Sie in den folgenden Kapiteln. Zuerst möchten wir Ihnen Methoden aufzeigen, wie Sie überhaupt Verhaltensänderungen bei sich selbst auslösen können und wie sich diese auf Ihr Selbstbewusstsein auswirken.

Folgendes Resultat ergibt sich aus dem im Kasten beschriebenen Mechanismus: Eine Person, die wie Ihr ehemaliger sehr autoritärer Grundschullehrer aussieht, kommt auf Sie zu und sagt etwas zu Ihnen. Ihr Unterbewusstsein greift augenblicklich zur Filmspule »Grundschullehrer«. Dort ist unterwürfiges Verhalten abgespeichert, weil sich das in Ihrer Kindheit bewährt hat. Sie senken den Kopf und fühlen sich sofort unsicher. Das Problem dabei ist jedoch, dass Sie nicht Ihrem alten Lehrer oder einer anderen Autoritätsperson gegenüberstehen, sondern einem Kellner, der Sie nach Ihrem Menüwunsch fragt. In dieser Situation wirkt Ihr Verhalten irritierend und wenig zielführend. Wenn Sie ein solches störendes Verhaltensmuster loswerden möchten, gibt es zwei Wege:

Ändern Sie Ihr bewusstes Verhalten

Bleiben wir bei der Filmspule. Zum Glück hat nicht nur das Unterbewusstsein Zugriff auf das innere Filmarchiv, sondern auch Ihr freier Wille. Dieser sitzt in einem modernen

> **➡ WISSENSWERTES**
>
> *Wie bereits beschrieben, sind in Ihrem Unterbewusstsein viele kleine Filme abgespeichert, die mögliche Verhaltensmuster beinhalten. Wenn Sie mit einer bestimmten Situation konfrontiert werden, läuft ein Impuls über Ihre Sinnesorgane in Ihr Unterbewusstsein. Dort wird die Situation in Sekundenbruchteilen analysiert und ein passender Verhaltensfilm herausgesucht. Dieser Film läuft vor Ihrem inneren Auge ab und Sie verhalten sich entsprechend. Da das Unterbewusstsein sehr praktisch denkt, sucht es stets den Film heraus, der bei der letzten ähnlichen Situation auch gepasst hat. Das spart Zeit und Energie.*

Gehirnteil in der Großhirnrinde, durch den Sie sich von den meisten Tieren mit ihren einfachen und berechenbaren Verhaltensmustern unterscheiden. Sie können jetzt aktiv beschließen, eine andere Filmspule zu verwenden. Der Impuls »Grundschullehrer« bleibt zwar der gleiche, doch Sie kommen dem Unterbewusstsein zuvor und wählen eine andere, ganz neue Filmrolle. Diese heißt »souverän reagieren.« Dort wird gezeigt, wie Sie dem Kellner in die Augen schauen, ihn nett anlächeln und sagen: »Ich hätte gern das Steak mit Kräuterbutter, und zwar bitte schön durchgebraten, nicht halb roh wie beim letzten Mal. Und bringen

Sie mir bitte etwas mehr Kartoffeln und lassen Sie die Erbsen weg.« Wahrscheinlich werden Sie diese bewusste Reaktion beim ersten Mal als Kraftakt empfinden. Doch wenn Sie diese Filmrolle immer wieder verwenden, schleift sich auch dieses Verhalten ein. Irgendwann lernt dies auch Ihr Unterbewusstsein und legt von sich aus diese Filmrolle ein. Der Lerneffekt besteht für das Unterbewusstsein darin, dass es erlebt hat, dass vom Typ »Grundschullehrer« keine Gefahr mehr ausgeht. Auf diese Weise haben Sie ein neues Verhalten bei sich installiert. Dadurch ändern Sie Ihr Verhalten absichtlich und setzen bewusst ein neues Verhalten anstelle Ihres alten, automatischen Verhaltensmusters ein.

Ein weiteres Beispiel: Nehmen Sie sich vor, beim nächsten Einkauf Ihre Wünsche deutlich zur Sprache zu bringen. Das kann auch eine Reklamation sein, aber natürlich nur, wenn diese auch berechtigt ist. Eine Kleinigkeit reicht schon. Es geht hier darum, offen zu kommunizieren. Sagen Sie zum Beispiel an der Käsetheke mit fester Stimme: »Schneiden Sie den Käse bitte etwas dicker, die erste Scheibe ist mir zu dünn.« Oder Sie nehmen sich vor, vor einer Autoritätsperson künftig gerade und aufrecht zu stehen und ihr direkt in die Augen zu schauen – egal, wie schwer Ihnen das auch fallen mag. Am Anfang werden Sie diese Übungen sicherlich nicht als besonders leicht empfinden. Doch im Lauf der Zeit stellen sich Erfolgserlebnisse ein. Die Verkäuferin wird vielleicht sagen: »Aber gern, die erste Scheibe war wirklich zu dünn.« Oder die Autoritätsperson wird den Blick abwenden und selbst unsicher werden. Ihr Unterbewusstsein lernt daraus. Es macht neue positive Erfahrungen und überträgt diese auch auf andere Situationen. Dadurch baut sich ein neues Selbstbewusstsein auf. Das geht natürlich nur Schritt für Schritt, aber es funktioniert. Ihr neues Verhalten bildet im Gehirn neue Vernetzungen und generiert im Laufe der Zeit neue Routinen.

Genauso lernt man im Übrigen auch eine neue Sportart. Ihre ersten Versuche beim Tischtennis werden sicher merkwürdig aussehen und Sie treffen anfangs keinen einzigen Ball. Der bewusste Teil des Gehirns ist einfach zu langsam, um erfolgreich Tischtennis zu spielen. Er kann dem Arm beim Herannahen eines Schmetterballs in den verbleibenden Sekundenbruchteilen unmöglich Dutzende von Befehlen erteilen, um den Angriff abzuwehren. Doch peu à peu verlagert sich Ihr Spielvermögen in den unbewussten Teil des Gehirns. Es werden Reflexe und automatische Reaktionsbögen aufgebaut. Wenn der Gegner den Ball in einem bestimmten Winkel abspielt, weiß Ihre Hand automatisch, wie sie den Ball am besten annehmen und zurückspielen kann. Ihr Bewusstsein spielt dabei kaum noch eine Rolle. Es gibt höchstens die allgemeine Strategie vor mit Befehlen wie »Mehr Angriff« oder »Spiele mehr nach links, dort ist der Gegner schwach«. Mit genügend Übung entwickeln Sie sich zum Topspieler.

Ebenso verhält es sich mit der Selbstsicherheit. Anfangs wird es Ihnen schwerfallen, selbstsicher zu sein und sich auch so zu verhalten. Sie müssen jeden Schritt noch einzeln und bewusst gehen. Doch je erfolgreicher Ihr Verhalten wird, desto eher reagiert Ihr Körper automatisch auf kritische Situationen. Sie werden den Blick nicht mehr senken, auch wenn das früher Ihr Reflex war. Denn der neue Reflex heißt nun: »Schaue dem Gegenüber fest in die Augen.« Neben dem hier geschilderten Weg gibt es noch eine weitere Möglichkeit, wie Sie Ihr Verhalten ändern können:

Ändern Sie Ihre unbewussten Reaktionen

Wenn Sie keine Lust mehr darauf haben, in bestimmten Situationen stets in dasselbe störende Verhaltensmuster zu fallen, können Sie auch Ihr Unterbewusstsein dazu bringen, auf die Situation anders zu reagieren. Im Beispiel mit der Filmspule sähe das so aus:

Sie tauschen die Originalfilmdose selbst aus. Ihr Unterbewusstsein lenkt den Reiz »Grundschullehrer« wie gewohnt an die alte Stelle und greift sich die passende und erprobte Filmspule. Doch Sie haben dort in der Zwischenzeit heimlich einen anderen Film platziert. Der Film heißt nicht mehr »Angst und Unsicherheit«, sondern »Souveränität und Selbstsicherheit«.

Der zweite Weg ist radikaler. Hierbei setzen Sie sich grundlegend mit Ihrem störenden Verhalten auseinander und beschließen irgendwann, es loszuwerden und den

> **➜ TIPP**
>
> *Diese Methode dauert länger und ist aufwendiger als die erste Methode, aber sie bewirkt eine nachhaltige Verhaltensänderung. Der alte, hinderliche Film ist nämlich längst auf dem Müll gelandet und kann nicht mehr abgerufen werden. Bei der oben vorgestellten Methode wird es Ihnen in schwierigen Stresssituationen wahrscheinlich immer wieder mal passieren, dass doch noch der falsche Verhaltensfilm abläuft.*

Film auszutauschen. Ein Coach oder Psychotherapeut arbeitet in der Regel nach dieser Methode. Sie brauchen aber nicht unbedingt einen Experten, um Ihr Verhalten zu hinterfragen und zu verändern. Vieles können Sie auch selbst bewirken. In vielen kleinen Schritten erreichen Sie nach und nach einen guten Zugang zu Ihrem eigenen Unterbewusstsein.

Körpersprache und Verhalten

Die nächste Aufgabe bei Ihrem Training für mehr Selbstsicherheit wird nun sein, im alltäglichen Leben all das umzusetzen, was Sie bisher gelesen haben. In diesem Kapitel werden Sie erfahren, wie Sie sich gegenüber anderen Menschen durchsetzen und Ihre Interessen besser wahrnehmen können.

Auch wenn Sie innerlich noch nicht so weit sind und Ihre Selbstsicherheit noch nicht perfekt funktioniert, können Sie Ihr Verhalten bewusst verändern. Sie werden erstaunt feststellen, dass Sie viele Menschen beeindrucken werden, wenn Sie sich selbstsicher verhalten. Auch eine gespielte Selbstsicherheit wirkt. Sie wird Ihr Verhalten verändern, weil Ihr Gegenüber anders auf Sie reagiert. Das wiederum ermuntert Sie, mutiger zu werden und selbstsicherer aufzutreten. Auf diese Weise steigern Sie sich von Mal zu Mal und werden immer selbstsicherer.

Beispiel Sonja & Katja

Unsere beiden Freundinnen Sonja und Katja gehen abends zusammen tanzen. Sie genießen den freien Abend und finden es schön, auch mal ohne ihre Ehemänner wegzugehen. Die beiden Frauen sitzen an der Bar und trinken einen Cocktail. Ihre Haltung ist unterschiedlich: Sonja sitzt leicht nach vorn gebeugt auf ihrem Barhocker. Ihr Blick ist meist auf die Theke gerichtet, nur manchmal schaut sie kurz hoch. Sie lässt ihre Schultern hängen, der Kopf ist gesenkt. Ihre Beine hält sie eng zusammengestellt. Die Hände spielen nervös am Cocktailglas. Auch ihr Gesichtsausdruck wirkt leicht verkrampft, die Mundwinkel zeigen nach unten. Katja hingegen wirkt entspannt. Sie sitzt aufrecht und mit geraden Schultern auf ihrem Stuhl, die Beine lässig übereinandergeschlagen. Ihr Blick schweift in der Bar umher, bei der Unterhaltung schaut sie ihre Freundin aufmerksam an. Sie hat ein offenes Lächeln auf den Lippen, welches sie auch nicht verliert, wenn sie mit Sonja spricht.

Jetzt betritt Armin die Szene. Er entdeckt die beiden Frauen und nähert sich ihnen. Nach kurzem Blickkontakt spricht er die beiden Frauen, genauer gesagt eigentlich nur Katja, an. Sonja lässt er links liegen und beachtet sie nicht weiter. Diese zieht sich nach einer Weile gekränkt in sich zurück. Nach einem kurzen Smalltalk mit Katja geht Armin wieder, weil er merkt, dass hier nichts zu holen ist. Als Nächstes kommt Michael auf die Freundinnen zu. Auch ihm fällt ein einigermaßen origineller Satz ein, als er sich auf den Stuhl gegenüber quetscht. Sofort beginnt auch er hemmungslos zu flirten, doch wieder flirtet er nur mit Katja. Sonja interessiert ihn nicht.

Dieselbe Geschichte passiert an diesem Abend noch zwei weitere Male. Katja will es zwar nicht zugeben, aber sie blüht von Mal zu Mal mehr auf, während Sonja immer mehr in sich zusammensinkt und immer frustrierter wird. Irgendwann hat sie keine Lust mehr und die beiden gehen nach Hause. Sonja ist wegen dieses Erfolgs von Katja ziemlich sauer, aber Katja kann sich selbst nicht erklären, warum die Männer alle nur sie ansprechen.

Die Erklärung für die Situation ist einfach: Katja besitzt eine völlig andere Ausstrahlung als Sonja. Ihre Körpersprache drückt aus: »Ich bin glücklich und zufrieden, ich habe Lust auf Kontakte, das Leben macht mir Spaß.« Davon werden Armin, Michael und die anderen angezogen. Auch sie suchen Spaß und wollen diesen mit einer Frau teilen, die genauso gut gelaunt ist. Sonjas Körpersprache hingegen drückt aus: »Ich bin unsicher, ich bin unzufrieden und langweilig.«

Dieser unbewusste Ausdruck schreckt potenzielle Gesprächspartner ab. Keiner hat Lust auf eine langweilige und unsichere Gesprächspartnerin. Dabei spielt es keine Rolle, dass Sonja sogar besser als Katja aussieht und die schickere Frisur hat. Den beiden Frauen ist dieser Unterschied natürlich nicht bewusst. Beide fühlen sich so, wie sie sich immer fühlen, und gestatten ihrem Körper, das auch auszudrücken. Sie wissen nicht, dass schon mit ihrem individuellen Körperausdruck die Kommunikation mit anderen Menschen beginnt.

Kontrollieren Sie Ihre Körpersprache

Die Beherrschung der eigenen Körpersprache ist ein wichtiger Faktor, um die eigene Ausstrahlung zu verändern und damit selbstsicherer zu wirken. Doch wie geht das im Einzelnen?

Zunächst gilt es, sich bewusst zu machen, dass die Körpersprache über sehr viele kleine Zeichen und Ausdrucksformen wirkt. Wir achten in einem Gespräch bei unserem Gegenüber automatisch auf die kleinsten Regungen und Veränderungen der Haltung, ohne dass uns das bewusst wird. Ständig registrieren wir, wie der andere auf uns reagiert, ob er ängstlich oder fordernd auftritt und ob er selbstsicher oder eher unsicher wirkt.

➡ *WISSENSWERTES*

Versuchen Sie zunächst einmal, eine selbstsichere Haltung vorzutäuschen. Das gelingt jedem in gewissen Grenzen sehr gut. Die Grenzen sind dann erreicht, wenn Ihr Gesprächspartner zum Beispiel versucht, Sie massiv einzuschüchtern, und Sie diesem Druck nicht standhalten können. Eine andere schwierige Situation liegt dann vor, wenn Sie aufgeregt sind. In einem Vorstellungsgespräch werden Sie zum Beispiel nur sehr schwer Selbstsicherheit vorspielen können, wenn Sie innerlich unsicher sind oder Angst haben. In einer solchen Extremsituation sind Sie normalerweise voll und ganz damit beschäftigt, mit Ihrem eigenen Stress umzugehen. Ihnen bleiben einfach keine Ressourcen mehr übrig, eine bisher noch ungewohnte Haltung anzunehmen und vorzuspielen. Daher sollten Sie zum Üben des selbstbewussten Auftretens leichtere Situationen wählen beziehungsweise diese gezielt suchen.

Der erste Eindruck

Es gibt keine zweite Chance für den ersten Eindruck. Dieses Sprichwort bringt auf den Punkt, was passiert, wenn sich zwei unbekannte Menschen zum ersten Mal treffen. Sie taxieren sich und schätzen ihr Gegenüber sofort ein. Was viele nicht wissen: Der erste Eindruck entsteht in Sekundenbruchteilen. In den folgenden Sekunden der Begegnung sammeln wir bereits weitere Informationen und schon nach etwa sieben Sekunden haben wir uns eine feste Meinung über den neuen Kontakt gebildet. Diese Meinung wird unser Verhalten gegenüber dieser Person grundlegend bestimmen. Natürlich ist es möglich, dass sich im nachfolgenden Gespräch die erste Meinung noch ändert, aber in der Regel ist das schwierig. Hieraus ergeben sich zwei wichtige Schlussfolgerungen:

1. Der Inhalt dessen, was wir sagen, ist relativ bedeutungslos im Hinblick auf den Eindruck, den wir bei unserem Gegenüber hinterlassen. Er bestimmt dessen Meinung nur zu etwa sieben Prozent.

2. Sicherheit wie auch Unsicherheit werden ebenfalls in den ersten Sekunden präsentiert. Genau in dieser Phase des Gesprächs ist kaum ein Mensch in der Lage, dem anderen etwas vorzuspielen. Das kommt immer erst später. Dann ist es jedoch zu spät, das Gegenüber wird sich kaum noch täuschen lassen.

Was bedeutet dies für Sie, wenn Sie sich auf ein schwieriges Gespräch, zum Beispiel mit dem Rektor Ihres Sohnes oder Ihrer Tochter, vorbereiten? Wahrscheinlich werden Sie den meisten Teil Ihrer Vorbereitungszeit in den Inhalt stecken. Doch ist das klug? Wird der Inhalt über den weiteren Verlauf des Gespräches entscheiden? Betrachten wir dazu wieder Sonja und Katja:

Katja und Sonja haben in zwei Tagen ein Gespräch mit dem Rektor der Schule ihrer Kinder, weil es dort Probleme gab. Welche Probleme das sind, spielt hier keine Rolle. Wie gehen die beiden Frauen mit diesem Gespräch um?

Sonja ist schon Tage vor dem Gespräch nervös. Sie setzt sich mehrfach mit ihrem Schreibblock hin und sammelt Argumente. Links schreibt sie auf, was sie alles sagen könnte. Rechts notiert sie, welche Gegenargumente der Rektor wohl vorbringen wird. Dann wägt sie ab, bewertet die Argumente, sucht für jedes einzelne ein Gegenargument und schreibt alles neu auf eine weiteres Blatt. Dabei wird sie nervöser und nervöser.

Katja ist der spontane Typ. Sie ärgert sich total darüber, dass ihre Tochter eine ungerechtfertigte Rüge vom Klassenlehrer bekommen hat. Sie erzählt ihren zwei besten Freundinnen davon und schildert, wie sie dem Rektor die Meinung sagen wird. Ihre Augen sprühen dabei so sehr, dass eine Freundin unwillkürlich einen Schritt zurückweicht.

Endlich ist es so weit. Die beiden Frauen treffen einzeln auf den Rektor; das erste Gespräch findet mit Sonja statt. Der Rektor sitzt hinter seinem dicken Schreibtisch und zwingt Sonja, davor stehen zu bleiben, indem er ihr keinen Stuhl anbietet. Zuerst blättert er noch ein bisschen in einem Heft, dann meint er herablassend: »Und, um was geht es?« Sonja lässt sich von dieser Eröffnung völlig einschüchtern. Sie sackt förmlich in sich zusammen und versucht mit leiser Stimme, von ihrem Sohn zu erzählen. Ihre gut vorbereiteten Argumente hat sie vollkommen vergessen. Der Rektor unterbricht Sie: »Der Jonas? Gut, dass Sie da sind. Mit Ihnen wollte ich sowieso ein paar ernste Worte reden.« Das Gespräch scheint gelaufen. Sonja ist verschüchtert, ihre Argumente platzen wie Seifenblasen. Mit einigen Zugeständnissen an den Rektor verlässt sie den Raum.

Im Vorzimmer wartet Katja. Sie denkt an ihre Tochter und ärgert sich einmal mehr über die Schule. Als sie dann auch noch Sonja völlig aufgelöst aus dem Zimmer kommen sieht, platzt ihr der Kragen. Sie klopft energisch an die Tür und betritt den Raum, ohne erst ein »Herein« abzuwarten. Als sie sieht, dass der Rektor keine Anstalten macht, aufzustehen oder ihr eine Sitzgelegenheit anzubieten, baut sie sich vor dem Schreibtisch auf, fixiert den Schulleiter mit dem Blick einer jagenden Tigerin und eröffnet das Gespräch anstelle einer Entschuldigung mit: »Herr Mühlbauer, ich glaube, Sie sind mir eine Erklärung schuldig!« Ein solches Auftreten bringt den Rektor aus dem Konzept. Katja hat sich damit eine Machtposition geschaffen und nutzt ihre körperliche Größe aus – sie steht, der Schulleiter sitzt und ist daher kleiner – und treibt den Mann damit in die Enge. Katja gibt den Takt der Verhandlung vor. Diesmal ist sie diejenige, die mit einem Zugeständnis den Raum verlässt.

Worin besteht der Unterschied zwischen den beiden Situationen? Sonja fühlt sich von vornherein klein, schwach und minderwertig. Der Schulleiter spürt diese Selbsteinschätzung und nutzt sie zu seinem Vorteil aus. Katja hingegen tritt selbstsicher, mutig und innerlich aufgeladen auf. Damit signalisiert sie, dass sie eine gleichwertige Gegnerin ist. Im beschriebenen Fall setzt sie sich sogar durch.

Die Elemente der Körpersprache

Körpersprache wird über viele einzelne Elemente ausgedrückt: Aussehen, Auftreten, Mimik, Gestik, Blick, Haltung, Händedruck, Kleidung und Stimme entscheiden darüber, was der andere von uns denkt. Damit Sie diese Elemente besser verstehen und auch beeinflussen können, werden wir einige davon genauer betrachten:

Der selbstbewusste Blick

Schauen Sie selbstbewusst, wenn Sie andere Menschen beeindrucken oder von sich überzeugen wollen. Der Blick ist das wichtigste Kommunikationsinstrument zwischen zwei Menschen. Mit dem Blickkontakt signalisieren Sie Interesse am anderen und am aktuellen Gespräch, außerdem präsentieren Sie sich als ein vollwertiger und ernst zu nehmender Gesprächspartner. Sobald Sie den Blick abwenden und nach unten schauen, tritt eine Irritation im Gesprächsverlauf ein und Sie signalisieren damit deutlich: »Ich bin unsicher.« Im Mitarbeitergespräch wird der Angestellte bei solchen Schwächezeichen seines Chefs vielleicht sofort dagegenhalten und sich weigern, die Aufgabe zu übernehmen. Im Verkaufsgespräch wird der Kunde beim Ausweichen des Blicks die Unsicherheit des Verkäufers spüren und sofort in eine harte Preisverhandlung einsteigen. Hätten der Vorgesetzte und der Verkäufer jedoch in dieser Phase des Gesprächs den Blick gehalten, würde es ihren Gesprächspartnern sehr viel schwerer fallen, die Konfrontation zu beginnen.

Da diese deutlich sichtbaren Zeichen für Schwäche und Unsicherheit auch erfahrenen Menschen passieren, können Sie sich vorstellen, wie schwierig es für einen unsicheren Menschen wird, einen wichtigen Standpunkt im Gespräch durchzusetzen.

> **➡ TIPP**
>
> *Halten Sie in Gesprächen immer den Blick zum Gesprächspartner. Schauen Sie ihm direkt in die Augen und weichen Sie höchstens ganz kurz aus. Halten Sie Ihren Kopf unbedingt gerade, ansonsten befinden Sie sich in der Unterwerfungsgeste. Halten Sie den Blick auch in schwierigen oder konfrontativen Situationen aus. Gerade hier ist es wichtig, dem Gegenüber standzuhalten. Konzentrieren Sie sich bewusst nur auf Ihren Blick und vermeiden Sie, nach unten auf den Boden zu schauen.*

ÜBUNG: *Blicken standhalten*

Üben Sie gezielt, dem Blick Ihres Gegenübers standzuhalten. Nehmen Sie sich jeden Tag ein bis zwei Situationen vor, in denen Sie fremde Menschen ganz gezielt anschauen. Tun Sie dies aber nur so lange, bis es Ihnen richtig unangenehm wird. Probieren Sie aus, was passiert. Schon nach kurzer Zeit werden Sie feststellen, dass viele Menschen Ihrem Blick nicht mehr standhalten können und selbst ausweichen. Gute Gelegenheiten bieten sich dazu in der Straßenbahn oder im Bus, beim Einkauf an der Kasse oder beim Spaziergang. Überprüfen Sie bei dieser Gelegenheit auch Ihre Gedanken. Was spielt sich in Ihrem Kopf ab, wenn Sie einen Fremden gezielt anschauen? Wie schätzen Sie diesen Menschen ein? Ist er selbstsicherer als Sie? Dürfen Sie ihn anschauen? Wie schaut er zurück?

Diese Übung vermittelt Ihnen ein gutes Gefühl für Ihre eigenen Möglichkeiten und Ihren Entwicklungsstand. Am Anfang werden Sie sich wahrscheinlich sehr merkwürdig vorkommen und würden manchmal bestimmt am liebsten im Boden versinken. Doch irgendwann merken Sie, dass Sie selbstbewusster werden und andere Menschen dazu bringen, Ihnen ihre volle Aufmerksamkeit zu widmen. Sie werden Ihre neuen Kräfte zu schätzen wissen und erfahren, dass Ihre Möglichkeiten viel größer sind, als Sie anfangs dachten.

Blickkontakt wird auch eingesetzt, um sich gegenseitig abzuschätzen und eine Rangfolge zu ermitteln. Wer zuerst den Blick abwendet, ordnet sich unter und signalisiert: »Du bist der Stärkere, ich gebe nach.« Insbesondere Menschen, denen Status sehr wichtig ist, setzen dieses Instrument ein. Solches Verhalten zur Festlegung der Rangordnung kommt häufig im geschäftlichen Bereich vor, während es im privaten Bereich eher seltener zu beobachten ist.

Es ist offensichtlich, dass vor allem unsichere Menschen ihren Blick sehr schnell und sehr früh abwenden, wenn sie auf herausfordernde Menschen treffen. Sie lassen sich am liebsten von vornherein überhaupt nicht auf ein Kräftemessen ein.

Die aufrechte Haltung

Neben dem Blick ist ein weiteres wichtiges Körpersignal für Selbstsicherheit die Körperhaltung. Viele Menschen gehen krumm und leicht zusammengesunken durchs Leben. Sie lassen im wahrsten Sinne des Wortes die Schultern und den

Kopf hängen. Mit einer derartigen Körperhaltung machen sie sich »kleiner« und signalisieren sowohl im privaten wie im geschäftlichen Leben: »Ich bin unsicher und schwach.« Genauso werden sie auch von ihrem Umfeld wahrgenommen.

Erfolgreiche und selbstsichere Menschen treten anders auf: Sie gehen aufrecht und »erhobenen Hauptes«, ihr Körper drückt Spannung, Aufmerksamkeit und Interesse aus. Wenn ein solcher Mensch vor Ihnen steht, merken Sie sofort: Der weiß, was er will. Er wirkt selbstbewusst und selbstsicher, unsichere Menschen schüchtert er vielleicht sogar ein. Beachten Sie dabei Folgendes:

Gewöhnen Sie sich an, eine aufrechte Haltung immer einzunehmen, auch wenn Sie allein sind. Es sollte Ihnen zur Gewohnheit werden.

Gehen Sie aufrecht durchs Leben. Tragen Sie stets den Kopf gerade und den Blick nach vorn gerichtet. Achten Sie auf Ihre Haltung, wenn Sie in einem Gespräch stehen oder sitzen. Drücken Sie ruhig die Brust raus und ziehen bewusst leicht den Bauch ein. Achten Sie dabei trotzdem auf Ihre Atmung. Versuchen Sie grundsätzlich, wie ein Sänger tief in den Bauch zu atmen und nicht die Schultern hoch- und herunterzuziehen.

Anfangs kostet diese neue Haltung richtig Kraft, weil Sie Ihre Muskeln aktiv betätigen müssen, um so zu stehen. Irgendwann wird es jedoch zu Ihrer natürlichen Haltung und Sie strahlen damit eine völlig neue Energie aus.

Wenn Sie künftig auf diese Weise auftreten, werden Sie auch veränderte Reaktionen in Ihrer Umgebung spüren. Manche Ihrer Bekannten oder Kollegen werden sehr sensibel auf die Verbesserung Ihres Selbstbewusstseins reagieren. Achten Sie auf diese Reaktionen, sie geben Ihnen ein Gefühl dafür, wie Sie jetzt wirken.

☞ ÜBUNG: *Aufrecht stehen*

Viele Menschen verschenken freiwillig Körpergröße. Sie machen sich buchstäblich klein und werden in der Folge natürlich auch so wahrgenommen. Stellen Sie sich vor einen großen Spiegel. Nehmen Sie nacheinander die beiden folgenden Haltungen ein:

* Die schlaffe Haltung: Lassen Sie alles hängen – Kopf, Arme, Schultern, Brust. Sinken Sie in sich zusammen. Übrigens: Viele Menschen müssen gar nicht so viel tun, um diese Haltung einzunehmen, weil es ihre normale Haltung ist. Merken Sie sich diese Haltung. Achten Sie auch auf Ihre Gefühle in diesem Moment. Was für ein Gefühl breitet sich gerade in Ihrem Bauch und Ihrer Brust aus?

* Wechseln Sie jetzt die Haltung. Nehmen Sie die aufrechte Haltung ein: Stellen Sie sich aufrecht hin und lassen die Arme frei am Körper baumeln. Straffen Sie den Oberkörper, ziehen Sie die Schultern ein Stück nach hinten und richten Sie den Kopf auf. Der Bauch sollte jetzt kleiner werden und die Brust etwas nach außen kommen. Merken Sie sich auch diese Haltung und achten Sie auf Ihre Gefühle. Wie fühlt sich der Bauch- und Brustraum im Vergleich an?

In der aufrechten Haltung sind Sie wahrscheinlich zwei bis drei Zentimeter gewachsen. Gewöhnen Sie sich an, aufrecht zu stehen. Erinnern Sie sich an dieses Gefühl und stellen Sie sich bei jeder Gelegenheit wieder so hin.

Spannungsgeladen gehen

Nicht nur unser Stand, auch unser Gang drückt sehr viel aus. Es ist geradezu erschreckend, wie schlaff und kraftlos sich manche Menschen fortbewegen. Das sieht dann manchmal nicht mehr nach Laufen aus, sondern nach einem mühsamen Sich-Dahinschleppen. Die Haltung ist krumm und schief, die Schritte sind kurz und langsam, der Gang wirkt schwerfällig und unsicher. Der ganze Mensch strahlt Unsicherheit und Kraftlosigkeit aus. Vielleicht kennen Sie auch solche Menschen, sie sind leider gar nicht so selten.

Wie, glauben Sie, wirkt eine Person mit einem solchen Gang, wenn sie das Büro des Schulrektors betritt, zu seinem Schreibtisch läuft und sich dort auf den bereitstehenden Stuhl setzt, um sich über die Behandlung ihres Kindes durch einen Lehrer zu beschweren? Der Rektor wird sofort sehen, dass diese Person nicht viel Gegenwehr mitbringt. Im nachfolgenden Gespräch wird er wahrscheinlich schnell Druck aufbauen und dem Elternteil, welches seine Ruhe stört, kaum Raum bieten, sein Anliegen mitzuteilen. Das Gespräch wird scheitern. Die Ent-

> **→ TIPP**
>
> *Gewöhnen Sie sich einen schnellen, kraftvollen und dynamischen Gang an. Lassen Sie ihn zielstrebig wirken. Achten Sie besonders dann auf Ihren Gang, wenn Sie beobachtet werden, beispielsweise wenn Sie eine Rede halten und zum Rednerpult gehen. Oder wenn Sie einen Raum betreten und eine längere Strecke zu Ihrem Sitzplatz zurücklegen. Oder wenn Sie auf einer Party sind und zur Bar gehen. Verbinden Sie Ihren Gang mit einer aufrechten Haltung und einem offenen, geraden Blick.*

scheidung zu diesem Verhalten fällt er unbewusst, sobald die Person sein Zimmer betreten hat.

Üben Sie das dynamische und kraftvolle Gehen. Das funktioniert sogar zu Hause im Wohnzimmer. Legen Sie einen Punkt in einer entfernten Ecke des Zimmers fest. Betreten Sie dann den Raum, schließen die Tür hinter sich und gehen Sie rasch und auf geradem Weg zum markierten Punkt. Richten Sie den Blick dabei auf die Wand hinter dem Punkt, etwa in Augenhöhe. Drehen Sie sich am Ziel um und betrachten Sie den Raum hinter sich. Wiederholen Sie diese Übung mehrfach.

Der Händedruck

Der Händedruck gehört zur Körpersprache und vermittelt beim ersten Kontakt mit einem neuen Menschen wichtige Informationen über den Gesprächspartner. Es gibt mehrere Varianten des Händedrucks. Manche Menschen strotzen vor Kraft und zerquetschen beim Händeschütteln gern Finger und Hände des Gegenübers. Andere wiederum verfügen über einen extrem schlaffen Händedruck, der beim Gegenüber beinahe Schüttelfrost auslöst. Solch ein Händedruck drückt Schwäche und Unsicherheit aus. Im Gegensatz dazu kann ein sehr starker Händedruck ängstliche Menschen regelrecht einschüchtern.

Da der Händedruck zum ersten Eindruck gehört, den man von einem fremden Menschen erhält, sollte er zur Person passen. Vor allem wenn schon der Händedruck Unsicherheit ausdrückt, wird ein Gespräch unter denkbar schlechten Vorzeichen beginnen. Diese Störung wird sich dann im Gespräch fortsetzen und seinen Verlauf beeinflussen. Überprüfen Sie daher Ihren eigenen Händedruck.

Ein gutes Gefühl für Ihren Händedruck bekommen Sie, wenn Sie eine bestimmte Zeit bewusst darauf achten. Auf diese Weise fallen Ihnen auch die Besonderheiten im Händedruck Ihrer Gesprächspartner sehr deutlich auf.

Der Mindestabstand

Wie fühlen Sie sich, wenn ein fremder Mensch eine Handbreit vor Ihnen steht und mit Ihnen spricht? Wahrscheinlich fühlen Sie sich total unwohl. Oder wie ergeht es Ihnen, wenn Sie mit jemandem reden, der Ihnen während des Gesprächs immer näher rückt? Wahrscheinlich weichen Sie instinktiv nach hinten aus. Auch unbekannte Gesprächspartner, die ihrem Gegenüber im Gespräch vertraulich die Hand auf den Arm legen, empfinden die meisten Menschen als sehr unangenehm.

Woher kommt dieses Gefühl? Wir alle haben eine sogenannte Distanzzone um uns herum, einen Bereich, der unser eigenes Revier darstellt und in den niemand sonst eindringen darf. In Deutschland beträgt diese Zone etwa eine Armlänge, also 90 Zentimeter bis zu einem Meter, und umschließt jede Person kreisförmig. In südlichen Ländern kann diese Distanzzone wesentlich kürzer sein. Normalerweise dürfen diese Distanzzone nur Menschen betreten, die wir gut kennen und denen wir vertrauen. In der Regel sind es Familienangehörige wie die eigenen Kinder, Lebenspartner oder auch sehr gute Freunde. Auch bestimmten Berufsgruppen wie Friseuren oder Ärzten erlauben wir, in unsere Distanzzone einzudringen.

Danach hört der Spaß aber auch schon auf. Der übrige Teil unserer Umgebung soll bitte außerhalb bleiben. Wenn jemand diesen Mindestabstand dennoch

➡ *TIPP*

Beim idealen Händedruck umfassen Sie die Hand des Gegenübers vollständig und schütteln sie kurz, etwa drei Sekunden. Dann lassen Sie die Hand wieder los. Der Händedruck darf ruhig dynamisch, fest und etwas kraftvoll sein, allerdings sollten Sie den Kraftaufwand kontrollieren. Üben Sie den Händedruck mit einem Freund oder Ihrem Lebenspartner, wenn Sie sich über die Wirkung unsicher sind. Ihr Übungspartner sollte Ihnen ehrlich sagen, wie er den Händedruck empfindet. Überprüfen Sie Ihre Gefühle und Gedanken, wenn Sie den Eindruck haben, dass Ihr Händedruck zu schwach ist. Was geht in Ihnen in dem Moment vor, in dem Sie eine Hand schütteln? Warum können Sie keine Kraft aufbringen? Wenn Sie gezielt auf solche Details achten, sind Sie in der Lage, Ihre innere Einstellung zu dem betreffenden Menschen zu ändern und künftig mehr »Power« in die Begrüßung zu legen.

unterschreitet, reagieren wir unwillkürlich mit Stress. Wir fühlen uns unwohl, bekommen vielleicht Schweißausbrüche oder reagieren aggressiv. Selbst wenn wir unsere Gefühle unterdrücken, spüren wir trotzdem Stress-Symptome. Natürlich ist niemand in einer solchen Situation mehr besonders konzentriert und die meisten Menschen können auch nicht mehr so agieren, wie sie das gern tun würden.

Im Alltag achten die meisten Menschen darauf, diesen Mindestabstand zu einer anderen Person einzuhalten. Doch leider tun dies nicht alle; es gibt immer wieder Menschen, welche die Distanzzone bewusst oder unbewusst verletzten. Das ist ausgesprochen unangenehm und verursacht Stress oder gar Ärger. Die meisten Menschen sind so erzogen, dass sie in einem solchen Fall von einem Versehen ausgehen und nichts sagen, um die Gefühle des Gegenübers nicht zu verletzen. Indem wir den unangenehmen Zustand nun ertragen – vor allem wenn dies häufiger geschieht –, schwächen wir uns jedoch selbst. Der Grund ist, dass wir durch die ungewohnte Nähe massiv abgelenkt werden und dem Gesprächsverlauf nicht mit derselben Konzentration folgen können, wie wir es sonst tun. Wenn es sich nur um einen harmlosen Smalltalk im Supermarkt handelt, hat das wahrscheinlich keine weiteren Folgen. Wenn sich aber beim Kauf Ihres Neuwagens der Verkäufer ständig in Ihre Distanzzone drängt, sind Sie bei diesem Gespräch vielleicht nicht voll konzentriert.

Die Verletzung des Mindestabstands passiert häufiger, als uns bewusst ist. Sicher geschieht das meist unabsichtlich, weil es immer wieder Menschen gibt,

 ÜBUNG: *Mein persönlicher Mindestabstand*

Sie können Ihren persönlichen Mindestabstand sehr leicht selbst ermitteln. Machen Sie mit einer Person, die Ihnen nicht besonders nahesteht, einmal die folgende Übung: Stellen Sie sich frontal vor diese Person und verringern Sie den Abstand immer weiter. Spüren Sie in sich hinein, wie es Ihnen geht, und lassen Sie sich auch von der anderen Person beschreiben, wie es ihr geht. Sie werden feststellen, dass es für Sie beide eine klare Grenze gibt, ab welcher der Abstand zu kurz ist. Machen Sie dieselbe Übung auch im Sitzen. Auch hier werden Sie feststellen, dass es diesen Mindestabstand gibt. Spannend ist natürlich auch, wenn Sie sich für diese Übung die Augen verbinden. Selbst jetzt werden Sie merken, wann der Mindestabstand unterschritten ist. Damit können Sie feststellen, welch feine Antennen wir für die Anwesenheit anderer Menschen besitzen.

die kein Gefühl für den Mindestabstand ausgeprägt haben. Allerdings gibt es auch Zeitgenossen, die ihre körperliche Dominanz auf diesem Weg bewusst einsetzen, um Druck aufzubauen. Vor allem gegen Letzteres sollte man sich aktiv wehren. Gerade unsichere Menschen sollten hierauf achten. Viele Menschen trauen sich nicht, ihre Distanzzone zu verteidigen und klipp und klar ihre Interessen zu vertreten. Sie haben Angst vor den Folgen, wollen ihr Gegenüber nicht verletzen oder bloßstellen – oder denken, man darf anderen Menschen so etwas nicht sagen. Klar dürfen Sie! Die Distanzzone gehört zu Ihrer Intimsphäre und es ist Ihr gutes Recht, diese auch zu verteidigen. Und wenn Ihr Gesprächspartner auch noch dazu neigt, Ihnen ungefragt seine Hand auf den Arm oder den Oberschenkel zu legen, ist das schon ein massiver Eingriff in Ihre Persönlichkeitsrechte.

Doch was kann man tun gegenüber Distanzdieben? Das richtige Verhalten in einem solchen Fall zu wählen ist ja oft nicht ganz einfach. Wir empfehlen Ihnen die folgenden Schritte, die Sie der Reihe nach durchführen können:

* Gehen Sie selbst auf Abstand. Ziehen Sie sich dazu einfach einen Schritt zurück. In manchen Fällen wird Ihr Gesprächspartner diesen leisen Wink verstehen und Ihnen nicht weiter auf den Leib rücken. Im verschärften Fall können Sie auch versuchen, einen Gegenstand zwischen sich und ihn zu bringen. Gut geeignet sind zum Beispiel Stehtische auf Empfängen.

* Drehen Sie sich etwas zur Seite. Meist ist unsere Distanzzone seitlich nicht so stark ausgebildet wie direkt vor uns. Wenn das nicht funktioniert, können Sie sich auch direkt neben jemanden stellen. Das mag zwar im Gespräch ungewohnt erscheinen, funktioniert aber auch.

* Wenn Sie in einer Schlange stehen und sich unwohl fühlen, können Sie sich auch neben die Schlange stellen. Ihren Platz behalten Sie damit trotzdem, aber Sie sind den anderen Menschen nicht mehr unmittelbar ausgesetzt.

* Wenn Ihr Gesprächspartner trotz Ihrer Standortwechsel zu aufdringlich wird, sollten Sie das Thema offen ansprechen. Sagen Sie einfach mit einem netten Lächeln: »Mir ist es hier ein bisschen eng. Würde es Ihnen etwas ausmachen, wenn wir uns etwas anders hinstellen?«

✳ Wenn auch das nicht klappt, dann sollten Sie etwas direkter werden und freundlich, aber bestimmt erklären: »Tut mir leid, ich fühle mich nicht wohl, wenn mir jemand zu sehr auf die Pelle rückt. Können wir uns bitte auf etwas mehr Abstand zwischen uns einigen?«

Wahrscheinlich werden Sie bei der letzten Variante denken: »Das darf ich doch nicht machen, dadurch störe ich doch das Gespräch, vielleicht bricht mein Gegenüber das Gespräch sogar ab.« Diese Denkweise ist zwar weit verbreitet, aber falsch. Denn das Gespräch war zu diesem Zeitpunkt bereits gestört. Nicht Sie haben es gestört, sondern Ihr Gesprächspartner, der Ihren Mindestabstand unterschritten hat.

Nebenbei bemerkt: In einem Verkaufsgespräch wäre es zum Beispiel ein grober Fehler, wenn Ihnen der Verkäufer zu nahe käme. In den meisten Fällen würden Sie nämlich nicht unter Stress einen für Sie ungünstigen Abschluss machen, sondern Sie würden das Gespräch recht bald abbrechen und gehen. Daher ist es in einer solchen Situation sogar sinnvoll, den Verkäufer darauf anzusprechen, damit der Gesprächsverlauf geändert werden kann.

Vielleicht denken Sie in diesem Zusammenhang nun: »Es gehört aber ganz schön viel Mut und Selbstsicherheit dazu, den anderen in seine Schranken zu weisen.« Damit liegen Sie ebenfalls richtig. Doch Selbstsicherheit bedeutet, seine Grenzen zu erkennen und zu verteidigen. Ein selbstsicherer Mensch hat keine Probleme damit, andere in ihre Schranken zu verweisen und seine eigene Intimsphäre zu wahren. Den Mindestabstand im Gespräch nicht einzuhalten ist ja nur ein Aspekt der Verletzung persönlicher Grenzen. Es gibt viele weitere Bereiche, bei denen Menschen versuchen, die intimen Grenzen zu überschreiten, welche die Menschen zu ihrem Schutz um sich herum aufbauen.

In südlichen Ländern wie Italien oder Spanien haben die Menschen ein anderes Verhältnis zum Mindestabstand und zu Berührungen. Sie kommen Ihnen dort

> ➡ TIPP
>
> *Menschen, die selbstsicher auftreten, werden im Übrigen sehr viel seltener mit dem Problem konfrontiert, dass ihnen Gesprächspartner auf die Pelle rücken. Sie strahlen auf der körpersprachlichen Ebene die Botschaft aus: »Ich bin stark, bitte respektiere meine Grenzen.« Dadurch erleichtern sie sich das Leben beträchtlich.*

automatisch näher und werden Sie auch schneller berühren. Wenn Sie in einem solchen Land unterwegs sind, ist es nicht immer sinnvoll, deutsche Maßstäbe zu wahren, sondern versuchen Sie, die südliche Lockerheit anzunehmen. Aber auch in solchen Ländern gibt es natürlich Grenzen und Tabus.

Wenn Sie jemanden zurückweisen, kann dies natürlich einen Bruch im Gespräch bedeuten. Wenn also von einem Gespräch viel für Sie abhängt, in dem zum Beispiel ein Personalleiter, der Sie einstellen möchte, oder ein Kunde, der ein gutes Geschäft mit Ihnen machen möchte, Ihre Distanzzone verletzt, sollten Sie nicht allzu scharf reagieren.

Sofern Sie angestellt sind und mit mehreren Personen in einem Raum arbeiten, sollten Sie in Ihrem Büro die Stellung der Bürostühle und Schreibtische zueinander überprüfen. Wenn Sie zu nahe bei Ihren Kollegen sitzen, dann kann das ebenfalls Ihre Mindestdistanz unterschreiten und Stress bei Ihnen auslösen. Kritisch wird es vor allem dann, wenn Sie sich gegenübersitzen und gezwungen sind, sich ständig anzuschauen. Hier lässt sich meist leicht Abhilfe schaffen, indem Sie einen Schreibtisch um 90 Grad drehen. Auch hier gilt wieder: Es ist erlaubt, Unannehmlichkeiten zu benennen, Sie dürfen das ansprechen und Veränderungen initiieren. Denn nur so können Sie aktiv etwas an Ihrer Situation verbessern und Ihren Leidensdruck verringern.

> **➡ TIPP**
>
> *Wie sagen Sie anderen Menschen unangenehme Dinge? Kein Mensch hört gern eine negative Rückmeldung, ein sogenanntes »Feedback«, über sein Verhalten. Doch manchmal ist Feedback notwendig. Wir empfehlen, negatives Feedback mit einem Lob zu verbinden. Nach unserer Erfahrung kann der Betroffene die Kritik dann leichter verarbeiten. Außerdem empfehlen wir, die Sache so konkret wie möglich anzusprechen und es der betreffenden Person direkt zu sagen. Beziehen Sie sich dabei nur auf Ihre Beobachtungen und auf das Verhalten Ihres Gegenübers. Sagen Sie außerdem dazu, wie der Betreffende sein Verhalten positiv ändern könnte.*
> *Das könnte dann etwa so klingen: »Ich habe beobachtet, dass du manchen Menschen im Gespräch etwas zu nahe rückst. Ich empfehle dir, besser auf deinen Abstand zu achten, weil sich manche Gesprächspartner dabei sonst unwohl fühlen. Ansonsten bewundere ich an dir, wie locker du mit fremden Menschen ins Gespräch kommst.« Auch wenn es Ihnen schwerfällt, tun Sie es einfach.*

Der *RICHTIGE* UMGANG MIT ANDEREN

Der Schlüssel zu einem selbstsicheren Auftritt liegt in Ihrem Umgang mit anderen Menschen. Hier zeigt sich, ob Sie sich durchsetzen und Ihre Ziele erreichen können. Im nachfolgenden Kapitel geben wir Ihnen viele praktische Tipps, wie Sie Ihren Auftritt und Ihre Wirkung deutlich verbessern können.

Der selbstsichere Auftritt

Im täglichen Leben müssen wir permanent agieren und uns gegenüber anderen Menschen behaupten. Wie dies gelingen kann, zeigt das folgende Kapitel. Die Grundlage ist ein selbstsicheres Auftreten. Beim nächsten Schritt in diese Richtung geht es darum, die Körpersprache in Bewegung und Verhalten umzusetzen.

Haben Sie schon einmal darauf geachtet, wie Menschen sich verhalten, wenn sie sich in einer größeren Menge befinden? Dies kann beim samstäglichen Einkaufsbummel sein, am Bahnhof oder auf dem Weg zur Kantine. Warum stoßen so wenige Menschen zusammen, selbst im dichtesten Gedränge? Ganz klar, werden Sie denken, weil alle aufpassen und einer Kollision ausweichen. Das stimmt nur bedingt. Natürlich weicht eine Person aus, damit sie nicht mit anderen zusammenstößt. Doch dies ist meist der Mensch, der sich auch sonst oft unterordnet, der im Zweifel schneller nachgibt und der häufig unsicher wirkt. Sichere und selbstbewusste Menschen lassen ausweichen.

Was passiert bei diesem Experiment (siehe Kasten)? Wenn wir uns in einer Menge bewegen, kontrollieren wir ständig unsere Umgebung. Natürlich will jeder Zusammenstöße mit anderen Menschen vermeiden. Doch wir wollen auch nicht

 ÜBUNG: *Fußgängerzone*

Machen Sie hierzu einmal die Probe aufs Exempel. Suchen Sie eine geeignete Stelle, am besten in einer bevölkerten Fußgängerzone, zum Beispiel am Samstagvormittag. Stellen Sie sich irgendwohin und fixieren Sie einen Punkt, der etwa 50 Meter entfernt ist, etwa eine Schaufensterscheibe. Tanken Sie nun Selbstsicherheit, stellen Sie sich aufrecht hin, machen Sie sich groß, heben Sie den Kopf und stellen Sie sich vor, dass Sie ein Riese wären. Dann laufen Sie los. Gehen Sie mit zielstrebigen, festen Schritten und aufrechter Körperhaltung auf Ihr Ziel zu. Richten Sie den Blick auf Ihren Zielpunkt, ignorieren Sie, dass sich noch andere Menschen um Sie herum bewegen, und gehen Sie ruhig und gelassen durch die Menge.

Wie oft werden Sie bei dieser Übung mit anderen zusammenstoßen? Ständig? Nein. Höchstwahrscheinlich werden Sie mit niemandem zusammenprallen. Die Menschen, die Ihnen entgegenkommen, werden Ihnen Platz machen. Sie glauben das nicht? Dann probieren Sie es aus.

jedem ausweichen. Also prüfen wir: »Kinder? Die sollen auf die Seite gehen.« »Eine junge Frau? Die kann ausweichen.« »Axel Schulz, der Boxer? Jetzt gehe ich lieber auf die Seite.« Diesen Prozess übernimmt wiederum unser Unterbewusstsein. Es checkt in Sekundenbruchteilen die Ausstrahlung und den Selbstsicherheitsfaktor des Entgegenkommenden und fällt eine Entscheidung. Weichen oder Bleiben lauten die Alternativen. Ängstliche oder unsichere Menschen werden in den meisten Fällen ausweichen, während selbstsichere Menschen ihren Weg gehen – im wahrsten Sinne des Wortes.

Der Besondere an dieser Übung ist, dass Sie hierbei sehr leicht Selbstsicherheit simulieren können. Wenn Ihre Haltung nicht genügend bewirkt, setzen Sie zusätzlich Ihren Blick ein. Schauen Sie die Personen, die Ihnen entgegenkommen, an und denken Sie: »Lass mich vorbei.« Sie haben mit dieser Übung auch einen Gradmesser, wie weit Sie schon auf der Selbstsicherheitsskala fortgeschritten sind.

Natürlich bedeutet das nicht, dass Sie künftig wie Rambo durch die Menge laufen und Menschen wegdrängen. Im Namen der Höflichkeit lassen wir schwächeren Menschen natürlich auch künftig den Vortritt und erzwingen nicht einen Sieg um jeden Preis. Und wenn Sie mal mit jemandem zusammenstoßen, weil er vielleicht dieselbe Übung macht, entschuldigen Sie sich bitte höflich.

Selbstbewusste Menschen können freundlich Nein sagen und stehen meist im Mittelpunkt.

TEST: *Wie gut können Sie Nein sagen?*

Welche der folgenden Aussagen treffen auf Sie zu? Hinter den Fragen, auf die Sie mit »Stimmt« geantwortet haben, verbergen sich die Lebensbereiche, in denen Ihnen das Neinsagen schwerfällt. Achten Sie beim Durchlesen der folgenden Seiten besonders auf diese Bereiche und überlegen Sie, welche Situation gerade hier vorliegt und Sie am Neinsagen hindert.

	Stimmt	Stimmt nicht
Ich suche häufig nach Ausreden, um nicht Nein sagen zu müssen.		
Ich haben den Eindruck, dass sich andere Leute von mir abwenden, wenn ich häufig Nein sage.		
Selbst wenn ich mal Nein sage, schaffen es andere, mich durch hartnäckiges Nachfragen wieder umzustimmen.		
Wenn ich Nein sage, enttäusche ich andere Menschen.		
Wenn ich Nein sage, mache ich mir anschließend viele Gedanken, ob das auch richtig war.		
Wenn ich Nein sage, komme ich mir egoistisch und gefühllos vor.		
Ich will Leute nicht wütend machen und sage daher selten Nein.		
Wenn ich Nein sage, entwickle ich schnell Schuldgefühle.		

Nein sagen

Ein fester Händedruck, dem Gegenüber selbstsicher in die Augen zu schauen oder Menschen in einer Menge souverän zu begegnen, das sind Teilaspekte dessen, was einen selbstbewussten Menschen ausmacht. Doch Sie sollen ja auch lernen, Ihre Selbstsicherheit im täglichen Leben umzusetzen.

Überprüfen Sie sich selbst: Können Sie selbstbewusst Nein sagen? Oder gehören Sie zu den Menschen, die immer wieder Dinge zusagen, die sie später bereuen? Zum Beispiel die Kindergartenfeier vorzubereiten, obwohl Sie überhaupt keine Lust dazu haben. Oder das Familienfest schon zum fünften Mal in Folge auszurichten, nur weil die anderen Geschwister einfach nie Zeit dafür finden. Oder die Nachbarin schnell zum Kaffee zu treffen, obwohl Sie sich dort immer zu Tode langweilen, weil sich die Dame nur ihre Beziehungsprobleme von der Seele reden will.

Warum ist Neinsagen so wichtig?

Auch im Büroalltag ist Neinsagen ein großes Thema: »Frau Maier, würde es Ihnen was ausmachen, schnell diese Unterlagen für mich zum Kopieren zu bringen?« Oder: »Herr Müller, es ist doch sicher in Ordnung, wenn Sie heute Abend etwas länger bleiben, damit wir das Angebot noch mal in Ruhe besprechen können?« Das Fragezeichen am Ende solcher Sätze steht meist nur noch symbolisch, weil der Frager sowieso ein »Ja« voraussetzt.

Interessanterweise gibt es im Freundeskreis, in der Familie oder bei den Kollegen einen Typus von Menschen, die man mit großer Regelmäßigkeit immer wieder trifft. Es ist die fleißige Arbeitsbiene, die stets all das erledigt, was ihr die anderen aufbürden. Natürlich sind das meist auch nicht die spannenden oder herausfordernden Tätigkeiten, für die es später Anerkennung gibt, sondern es handelt sich um langweilige Routineaufgaben, auf die keiner Lust hat. Diese werden dann bei den Arbeitsbienen abgeladen. Wenn man einmal den Ruf weg hat, gern für andere die Hilfskraft zu spielen, muss man sich meist keine Gedanken mehr um neue Aufgaben machen. Sie kommen irgendwann im Dutzend. Es spricht sich schnell herum, dass diese Person nicht Nein sagen kann.

Die Unfähigkeit, Nein zu sagen, führt häufig zu Frust. Die Arbeitsbienen fühlen sich ausgenutzt, manchmal auch überlastet und sind selten mit ihren Aufgaben zufrieden. Doch sie haben kein Rezept, um ihr Verhalten zu ändern. Im beruflichen Umfeld wirken sich die Folgen sogar noch gravierender aus als im privaten Bereich. Menschen, die nicht Nein sagen können, haben zunehmend weniger Zeit für ihre eigenen Projekte, weil sie einen Großteil ihrer Zeit mit der Arbeit anderer verbringen. Manche entwickeln sich zum Arbeitsesel für die ganze Abteilung. Das kann die eigene Karriere nachhaltig behindern und führt im Extremfall zu handfesten Burn-out-Symptomen.

Warum fällt uns Neinsagen so schwer?

Doch wie sagt man auf die richtige Art und Weise Nein? Schauen wir uns zuerst die Gründe an, die Menschen daran hindern, die eigenen Interessen mit einer klaren Absage an Freunde, Verwandte oder Kollegen besser zu verfolgen:

Der Verlust an Anerkennung bildet die Hauptangst, die uns am Neinsagen hindert. Und diese Angst ist tief verknüpft mit fehlender Selbstsicherheit. Unsichere Menschen fühlen sich häufig von anderen Menschen nicht akzeptiert oder wertgeschätzt.

Beispiel: Wenn Ihre schwierige Nachbarin anfragt, ob Sie »mal schnell« auf einen Kaffee vorbeikommen möchten, startet in Ihrem Kopf wahrscheinlich folgender Dialog: »Toll, die Nachbarin lädt mich ein. Sie scheint mich zu mögen. Natürlich nehme ich die Einladung an, weil sie mir dann das Gefühl gibt, mich zu brauchen. Und für mein Selbstbewusstsein ist es ganz wichtig, zu wissen, dass andere Menschen mich brauchen.« Doch es gibt auch einen inneren Kritiker. Oft ist er klüger als Sie. Er wird Ihnen sagen: »Die Nachbarin nutzt dich nur aus. Sie braucht nur jemandem, der ihr zuhört und bei dem sie ihre Probleme abladen kann. Mach das nicht, du wirst dich dort zu Tode langweiligen!«

Gleichzeitig meldet sich Ihr Ich wieder zu Wort: »Dann müsste ich ja absagen. Das kann ich nicht. Wenn ich jetzt ablehne, dann wird sie mich nicht mehr mögen. Sie wird sich von mir zurückziehen. Dann bin ich wieder allein, keiner liebt mich mehr. Das ertrage ich nicht.«

Zu diesem Argument fällt Ihrem inneren Kritiker wahrscheinlich nichts mehr ein. Er zieht sich zurück, Sie gehen zu der Einladung und erleben einen langweiligen Nachmittag. Natürlich bringen Sie es auch nicht fertig, nach einer halben Stunde aufzustehen und sich höflich, aber bestimmt zu verabschieden, sondern bleiben mehrere Stunden.

Kommt Ihnen das alles bekannt vor? Diese Mechanismen laufen bei fast allen Menschen gleich ab. Es gilt, diese zu erkennen, zu verstehen und ein wirksames Gegenkonzept zu finden.

Wie sagen Sie wirksam Nein?

Auch das Neinsagen können Sie in zwei Richtungen lernen:

* von innen nach außen sowie
* von außen nach innen.

Die erste Variante, von innen nach außen, bedeutet, sich bewusst klarzumachen, welche Gründe einen am Neinsagen hindern. Das funktioniert am besten, wenn Sie sich die letzten zwei oder drei Situationen noch einmal vor Augen führen, bei denen Sie zugestimmt haben, obwohl Sie es in Wirklichkeit überhaupt nicht wollten. Stellen Sie sich die Situation noch einmal in allen Einzelheiten vor. Fühlen Sie sich hinein. Was lief in diesen Momenten in Ihnen ab? Ganz oft ist es eine Gedankenkette, die damit endet, dass Sie Angst haben, von der betreffenden Person abgelehnt oder mit Liebesentzug bestraft zu werden. Manchmal haben Menschen in einer solchen Situation auch einfach nur Angst, die andere Person zu verletzen. Doch auch dahinter steckt in Wirklichkeit die Angst, dass sich die andere Person von einem selbst abwendet.

Wenn Sie diese Gedankenkette durchschaut haben, sind Sie bereits ein gutes Stück weitergekommen. Im nächsten Schritt können Sie sich die Frage stellen, was mit Ihnen passiert, wenn die andere Person Sie wirklich ablehnt. Warum haben Sie vor diesem Moment so viel Angst? Hierzu möchten wir Ihnen ein paar Gedanken mitgeben:

* Die Angst vor dem Alleinsein ist eine Urangst, die noch aus Babyzeiten stammt und damals sicher ihre Berechtigung hatte. Wenn ein Baby nicht von der Mutter versorgt wird, kann es verhungern. Die Angst vor dem Alleinsein ist also eine echte und auch wichtige Existenzangst.

* Manche Menschen übertragen diese Urangst unbewusst auf andere Menschen. Sie glauben, dass sie vom Wohlwollen anderer Menschen abhängig sind, um vollkommen sicher zu sein. Dieser Gedankengang ist zwar irrational, aber er wird von vielen Menschen vollzogen und prägt künftig ihr Verhalten. Für einen Erwachsenen ist die Angst vor dem Alleinsein nicht mehr erforderlich. Er kann sich selbst versorgen und damit selbst für sein Überleben sorgen, besonders in einem Land wie Deutschland. Niemand braucht hier mehr befürchten, zu verhungern.

✳ Befassen Sie sich gedanklich damit, dass Sie in der Lage sind, selbst für sich zu sorgen. Sie brauchen niemand, weil Sie selbst alles erreichen können, was für Ihr Weiterleben erforderlich ist. Es ist sehr wichtig, dass Sie diesen Schritt nachvollziehen können, denn er stellt den Schlüssel zum selbstsicheren Auftreten und Handeln dar. Nur Menschen, die tief in ihrem Inneren verstanden haben, dass sie selbst ihr Leben gestalten können, leben frei von den Manipulationsversuchen anderer Menschen.

✳ Unser soziales Netzwerk besteht in der Regel aus sehr vielen verschiedenen Menschen. Es gibt daher keinen Grund, sich von einem einzelnen Menschen abhängig zu machen. Hier gaukelt uns unser Unterbewusstsein jedoch vor, dass ein einzelner gegenwärtiger Kontakt lebenswichtig ist. Diese fatale Fehleinschätzung entsteht, weil das Unterbewusstsein nur in der Gegenwart lebt. Es kennt keine Vergangenheit und keine Zukunft. Als vernunftbegabte Person können Sie jedoch abstrahieren, in die Zukunft planen und damit Ihrem Unterbewusstsein eine neue Richtung vorgeben.

✳ Praktisch bedeutet dies: Selbst wenn Sie heute alle sozialen Kontakte abbrechen, weil Sie keine Verwandten mehr haben, sich scheiden lassen, in ein fremdes Land ziehen und dort einen neuen Job annehmen, werden Sie trotzdem innerhalb kurzer Zeit wieder neue Menschen kennenlernen und von diesen akzeptiert und aufgenommen werden. Somit besteht die Gefahr des Alleinseins nur in verschwindend geringem Maße.

> **➡ TIPP**
>
> *Falls Sie feststellen, dass Sie beim Jasagen unbewussten Ängsten nachgegeben haben, die Sie künftig nicht mehr benötigen, dann werfen Sie diese über Bord. Ganz wichtig: Machen Sie sich klar, dass Sie nicht von anderen Menschen abhängig sind.*

Gehen Sie diese Gedankenkette einmal durch, wenn Sie wieder in das alte Muster zurückgefallen sind und nicht Nein sagen konnten.

Wie ändern Sie Ihr Verhalten?

Wer seine Gedanken nicht auf diese Weise hinterfragen will, kann eine andere Technik einsetzen, um das Neinsagen zu lernen. Bei dieser Technik ändern Sie in kleinen Schritten Ihr Verhalten und tun dies so lange ganz bewusst, bis das neue Verhalten automatisch von Ihnen angewandt wird. Diesen Weg haben wir »von außen nach innen« genannt.

Diese Methode setzt darauf, dass Sie kleine Aufgaben aus eigener Kraft bewältigen können, deren Ziel ein Nein ist. Dies kann auch funktionieren, wenn Sie extrem unsicher sind und sonst allem nachgeben. Wichtig ist nur, Aufgaben zu finden, die zu Ihrem derzeitigen Selbstwertgefühl passen. Wenn Sie sich also regelmäßig einer einfachen Situation stellen, in der Sie Nein sagen, und diese Situation erfolgreich bewältigen, werden zwei Dinge passieren:

1. Sie können ein echtes Erfolgserlebnis für sich verbuchen und stellen fest, dass Ihnen niemand wehtun wird, wenn Sie einmal ein kleines Anliegen verweigern. Aus diesem Erfolgserlebnis schöpfen Sie die Kraft, sich der nächsten Herausforderung zu stellen. Diese kann schon etwas größer ausfallen. So steigern Sie sich von Erfolgserlebnis zu Erfolgserlebnis, bis Sie sich den richtig großen Aufgaben stellen können.

2. Sie lernen, wie Neinsagen geht. Sie erfahren, wie Sie dieses schwierige Wort formulieren, wie Sie es selbstbewusst aussprechen und wie Sie Ihrem Gegenüber dabei fest in die Augen schauen. Sie lernen von Mal zu Mal, besser mit der neuen Situation umzugehen und sie besser zu beherrschen.

Auch bei dieser Methode wird natürlich Ihr Unterbewusstsein mit einbezogen. Wenn Sie sich immer wieder einer unbequemen Situation stellen und diese meistern, wird sie zur Normalität. Ihr Unterbewusstsein ersetzt eine alte Angst, die Sie bisher am Neinsagen hinderte, allmählich durch die aktuellen Erfolgserlebnisse. Irgendwann haben diese neuen Erfahrungen die alten Erlebnisse vollständig verdrängt. Letztere können Sie nicht mehr an Ihrem neuen, erfolgreichen Handeln hindern.

Natürlich dauert dieser Prozess einige Zeit. Aber er funktioniert. Deshalb ist es so wichtig, sich immer wieder aufs Neue der Situation zu stellen und sie zu bewältigen. Das ist ähnlich wie bei einem Golfspieler, der Hunderte von Malen den richtigen Abschlag übt, bis er sitzt. Das bedeutet in diesem Fall, dass der Abschlag von den unbewussten Teilen des Gehirns automatisch ausgeführt wird. Der Golfspieler denkt nicht mehr darüber nach, wie er den Schläger führt, sondern kann sich voll und ganz auf das Ziel konzentrieren.

☞ ÜBUNG *zum Neinsagen*

✱ Beginnen Sie mit kleinen und leichten Aufgaben. Stellen Sie sich jeden Tag einer einfachen Situation, in der Sie jemandem etwas verweigern und dafür Nein sagen müssen. Einen guten Start können Sie bei Menschen machen, die Ihnen nicht sehr nahestehen.

✱ Üben Sie regelmäßig, damit Ihnen diese Handlungsweise zur Gewohnheit wird. Führen Sie ein Erfolgstagebuch, in dem Sie aufschreiben, in welchen Situationen es Ihnen gelungen ist, Nein zu sagen.

✱ Steigern Sie von Woche zu Woche den Schwierigkeitsgrad. Trauen Sie sich auch an große Aufgaben heran.

✱ Sammeln Sie Situationen, in denen Sie bisher nicht Nein sagen konnten. Schreiben Sie diese auf und erstellen Sie daraus einen Aktionsplan. Fragen Sie sich, welches Ihre täglichen Herausforderungen sind, aber auch, was an wirklich großen Aufgaben auf Sie wartet. Das können beispielsweise Ihr Ehepartner oder Ihre Mutter sein. Bei nahestehenden Menschen fällt das Neinsagen grundsätzlich schwerer.

✱ Lassen Sie sich nicht durch Misserfolge aus dem Konzept bringen. Natürlich wird nicht von Anfang an alles gelingen. Das ist völlig normal. Wichtig ist vielmehr, dass Sie stetige kleine Erfolge verbuchen können und Ihre neuen Möglichkeiten kennenlernen.

✱ Gewöhnen Sie sich an, den wahren Grund anzufügen, wenn Sie Nein sagen. Notlügen machen nur dann Sinn, wenn es wirklich nicht anders geht oder wenn Sie einen Menschen wirklich tief verletzen würden. Im Allgemeinen werden Sie sich besser und befreiter fühlen, wenn Sie bei der Wahrheit bleiben.

✱ Wenn Sie ein Problem mit den Neinsagen haben, dann ergründen Sie, warum. Achten Sie vor allem auf die Gefühle und Gedanken, die Sie genau in dem Moment haben, in dem Sie jemandem etwas verweigern wollen, aber vielleicht nicht können. Woher kommt Ihre Blockade? Wenn Sie Ihre Motive kennen, wird Ihnen das Neinsagen schon sehr viel leichter fallen.

Beispiele
Folgende Bespiele zeigen Ihnen, in welchen Situationen Sie das Neinsagen üben können:

✱ An der Wursttheke. Die Verkäuferin fragt: »Darf es etwas mehr sein?« Ihre Antwort lautet: »Nein. Bitte wiegen Sie mir wirklich nur 200 Gramm ab.« Gerade im Einzelhandel setzen Verkäufer oft darauf, dass ihre Kunden nicht Nein sagen können. So bringen sie Kunden dazu, mehr zu kaufen, als diese eigentlich beabsichtigten, und erhöhen damit ihren Umsatz. Wir halten das schon für eine klare Manipulationstechnik und denken, dass man auf solche Fälle achten und sich im Bedarfsfall mit klaren Worten dagegen wehren sollte.

✱ Beim Friseur: »Möchten Sie die neue Spülung ausprobieren? Sie kostet nur 15 Euro mehr. Dafür wird Ihr Haar auch viel seidiger glänzen.« Ihre Antwort lautet: »Nein danke, ich möchte dieselbe Spülung wie beim letzten Mal. Außerdem sind mir die 15 Euro dafür zu teuer.« Haben Sie vielleicht Probleme mit dem letzten Satz? Weil Sie nicht zugeben möchten, dass Sie sparen wollen oder müssen? Dann sagen Sie diesen Satz erst recht! Er wird Ihr Selbstbewusstsein stärken.

✱ An der Kasse. Eine Person mit etwa zehn Teilen in der Hand kommt auf Sie zu und fragt: »Würde es Ihnen etwas ausmachen, mich vorzulassen? Es geht auch ganz schnell.« Sie haben selbst nur unwesentlich mehr im Wagen. Reflexartig wollen Sie zustimmen, doch die richtige Antwort lautet eindeutig: »Nein, bitte stellen Sie sich wie alle anderen hinten an.« Trauen Sie sich das zu? Dann steht es um Ihr Selbstbewusstsein schon sehr gut.
Wir wollen Sie im Übrigen nicht dazu überreden, unhöflich zu werden und grundsätzlich niemanden mehr vorzulassen. Das ist und bleibt eine sehr nette Geste.

✱ Im Verein, bei Nachbarn oder im Job: »Kannst du mal schnell für mich dies oder jenes übernehmen?« Ihre Antwort lautet: »Tut mir leid, nein, ich habe keine Zeit dafür, außerdem gehört es nicht zu meinen Aufgaben.« Natürlich hilft man sich unter Nachbarn oder Kollegen aus, das ist selbstverständlich. Doch Geben und Nehmen sollten sich die Waage halten. Denn es wird immer Menschen geben, die gern viel mehr nehmen, als sie bereit sind zu geben. Hier sollten Sie irgendwann einen Riegel vorschieben. Sonst werden Sie schnell richtig ausgenutzt.

✱ Mit einem Freund: Ein guter Bekannter will sich Geld von Ihnen leihen. Es ist schon das dritte Mal und Sie warten immer noch auf die Rückzahlung Ihrer ersten beiden Gaben. Das klingt dann so: »Du, ich brauche bis heute Abend mal schnell 100 Euro. Ich zahle sie dir in den nächsten Tagen bestimmt zurück.« Meist trauen wir uns nicht, jetzt Nein zu sagen. Ihr Bekannter ist vielleicht in einer Klemme und braucht das Geld dringend. Doch Sie wollen das Geld in Wahrheit nicht verleihen. Dann lautet die richtige Antwort: »Nein, Udo, ich werde dir das Geld nicht geben. Ich warte noch immer auf die beiden ersten Rückzahlungen vom letzten Monat. Tut mir leid.« Nach dieser Antwort sehen Sie Udo vielleicht nicht mehr so häufig wie früher, aber er wird Sie so schnell auch nicht mehr anpumpen. Besonders wichtig bei dieser Art von Nein-Antwort ist, dass Sie Ihre Gründe für die Ablehnung deutlich sagen.

✱ Im Familienkreis: Am nächsten Wochenende steht wieder ein Kaffeekränzchen bei Tante Mathilde an. Sie haben absolut keine Lust dazu, weil es stets so richtig langweilig ist. Doch aus alter Gewohnheit und weil Sie niemanden verletzen wollen, stimmen Sie zu. Stopp! Gehen Sie nicht hin. Bestimmen Sie selbst über Ihre Zeit. Die richtige Antwort lautet: »Danke, Tante Mathilde, für die Einladung, aber diesmal werden wir nicht kommen können.« In diesem Fall sollten Sie vielleicht weniger offen in Ihrer Begründung sein und zu einer kleinen Notlüge greifen. Wenn Sie aber den Familienfeiern auf Dauer fernbleiben wollen, schadet etwas Wahrheit auch nicht.

✱ Die Renovierung: Ihr Freund will am Wochenende seine Wohnung neu streichen und fragt Sie, ob Sie ihm dabei helfen könnten. Sie überlegen, was Sie am Wochenende vorhaben. Sie haben viel geplant und wollen nicht helfen. Doch Sie schaffen es nicht, Ihren Freund zu enttäuschen, und sagen zu. Falsch. Wenn Sie wirklich keine Lust haben und sich auch aus anderen Gründen nicht dazu verpflichtet fühlen, dann sagen Sie ab. »Nein, Manfred, ich kann dir leider nicht helfen.« Begründen Sie es und bleiben Sie bei der Wahrheit. Sagen Sie, dass Sie etwas anderes geplant haben, sich von der anstrengenden Woche erholen müssen oder was es an Gründen sonst noch gibt.

Wünsche äußern

Spüren Sie manchmal Ihre unterdrückten Wünsche? Gehören Sie zu den Menschen, die denken: »Wie gern würde ich doch ...«, ohne dass Sie diese Dinge jemals erreichen? Manche träumen davon, dass ihnen der Ehepartner mal ein kleines Geschenk mitbringt oder mit ihnen essen geht, die Zahnpastatube zuschraubt oder die schmutzigen Socken von allein wegräumt. Andere haben anspruchsvollere Wünsche, würden gern in die Karibik in den Urlaub fliegen, hätten gern eine Gehaltserhöhung oder zumindest eine interessantere Tätigkeit. Oder sie wünschen sich, ihr jetziges Leben komplett hinter sich zu lassen und künftig in Australien zu leben. Es gibt viele Wünsche. Sie lassen sich recht einfach einteilen in zwei Kategorien:

1. Wünsche, die stets nur geträumt werden. Diese haben keine Chance, jemals in Erfüllung zu gehen.

2. Wünsche, die vom Besitzer laut und vernehmbar geäußert werden. Diese Wünsche haben eine viel größere Chance, einmal wahr zu werden.

Zu welcher Kategorie gehören Ihre Wünsche? Sind Sie jemand, der verlangt, was er will, und dies oft auch bekommt? Oder gehören Sie zu der großen Gruppe von Menschen, die gern hätten, könnten oder würden, ohne das aber jemals laut auszusprechen? Viele Menschen unterdrücken ihre Wünsche. Meist glauben sie, dass ihnen die von ihnen angestrebten Dinge nicht zustehen oder dass es sich nicht gehört, etwas zu verlangen, das sie gern hätten. Oder sie haben einfach Angst davor, ihre Wünsche zu äußern, weil sie denken, dass der Wunsch sowieso abgelehnt wird und diese Ablehnung dann auf sie selbst zurückfällt.
  Wünschen hat viel mit Selbstsicherheit zu tun. Selbstsichere und selbstbewusste Menschen wissen in der Regel, was ihnen zusteht, und haben keinerlei Scheu, das auch zu verlangen. Wenn sie glauben, dass sie eine Gehaltserhöhung verdient haben, gehen diese Leute zu ihrem Chef und verlangen sie. Und oft genug können sie ihre Wünsche durchsetzen. Natürlich ist auch die Art wichtig, wie jemand seinen Wunsch nach mehr Geld ausdrückt. Wenn der Chef spürt, dass dahinter ein deutlicher Wille steckt und sein Mitarbeiter die Gehaltserhöhung als selbstver-

ständlich ansieht, da er seine Leistungen kennt und einschätzen kann, wird er der Forderung eher nachgeben, als wenn sein Mitarbeiter sehr zögerlich wirkt und sich nicht sicher ist, ob er diese Gehaltserhöhung überhaupt verlangen darf.

Unsichere und ängstliche Menschen trauen sich oft nicht, ihre Wünsche zu äußern. Auf Dauer frustriert das und erhöht die Unsicherheit immer mehr. Sie glauben, dass sie nichts wert sind, und fühlen sich dementsprechend oft minderwertig. Das drückt sich auch im sonstigen Verhalten aus. Ein Teufelskreis kommt in Gang.

Wunsche richtig außern

Stehen Sie zu Ihren Wünschen und fordern Sie diese ein. Es ist Ihr gutes Recht. Nur wer sich traut, wird auch etwas gewinnen. Wenn Sie einmal genau hinschauen, werden Sie in Ihrem Umfeld immer wieder Menschen finden, die das umsetzen. Tun Sie es ihnen gleich. Die nachfolgenden Tipps helfen Ihnen dabei, Ihre Wünsche umzusetzen:

* Sammeln Sie Ihre Wünsche. Schreiben Sie auf, was Sie gern hätten. Unterteilen Sie Ihre Wünsche dabei in drei Gruppen: kleine Wünsche, die schnell in Erfüllung gehen können; mittlere Wünsche, die etwas Zeit und Energie verlangen; sowie große Wünsche, die für Sie im Moment noch unrealistisch klingen.

* Starten Sie mit den ersten fünf Wünschen auf Ihrer Liste. Nehmen Sie die einfachen und sprechen Sie diese Wünsche dort aus, wo sie gehört werden können. Tragen Sie dann in Ihre Liste ein, wie schnell die Wünsche in Erfüllung gehen.

* Sobald der erste Schritt geklappt hat, nehmen Sie sich zwei Wünsche aus der mittleren Gruppe vor. Tragen Sie auch diese vor und notieren Sie es sich, sobald diese Wünsche in Erfüllung gehen oder sich zumindest etwas in dieser Richtung bewegt.

* Nehmen Sie sich jetzt noch einmal Ihre Liste vor und gehen Ihre Wünsche erneut durch. Teilen Sie die Wünsche anders ein, wenn Sie merken, dass die Wunscherfüllung viel einfacher geht als gedacht. Formulieren Sie auch neue Wünsche, an die Sie bisher noch überhaupt nicht zu denken gewagt haben.

> **➡ TIPP**
>
> *Beim Wünschen ist es sehr wichtig, dass Sie sich selbst Ihren Wunsch erlauben. Machen Sie sich klar, dass Sie es wert sind, diesen Wunsch erfüllt zu bekommen.*

✳ Wenn Sie etwas Übung mit dem Wünschen haben, dann versuchen Sie es mit einem Wunsch der schwierigen Gruppe. Wünschen Sie sich ein neues Auto? Oder eine Umgestaltung des Gartens? Oder eine anspruchsvolle Urlaubsreise? Schreiben Sie auch hier wieder auf, wie sich der Wunsch Stück für Stück erfüllt.

Viele Menschen verkaufen sich unter Wert oder fühlen sich wertlos. Sie trauen sich überhaupt nicht, in Wünschen zu denken. Natürlich wird sich dann auch nichts an deren Leben ändern. Wünschen darf sich grundsätzlich jedoch jeder alles. Denn (fast) alles, was man sich wünschen kann, haben andere Menschen schon erreicht. Und wenn andere das erreicht haben, können Sie das genauso.

Verkaufen Sie sich nicht unter Wert

Viele Menschen verkaufen sich unter Wert. Doch was bedeutet das genau? Schauen wir dazu unsere Beispiele Sonja und Katja an:

Sonja will nach mehreren Jahren Kindererziehung wieder etwas anderes machen und ins Berufsleben zurückkehren. Sie beginnt, sich bei verschiedenen Unternehmen zu bewerben, anfangs jedoch ohne Erfolg. Im Bewerbungsgespräch scheitert sie stets an der Frage: »Was haben Sie die letzten Jahre denn alles gemacht?« An dieser Stelle wird Sonja unruhig, rutscht auf ihrem Stuhl hin und her, schlägt die Augen nieder und sagt schließlich mit leiser Stimme: »Nichts. Ich habe ausgesetzt wegen der Kinder.« Das macht keinen guten Eindruck. Nach ein paar höflichen Worten ist das Gespräch dann meist vorbei, sie hört nichts mehr von der Stelle.

Sonja ist frustriert und glaubt, dass man nach mehreren Jahren Kinderpause nicht mehr in den Job einsteigen kann. Doch ihre Absagen handelt sie sich nicht wegen der Kinderpause ein, sondern weil sie sich und diesen Punkt ihrer Biografie richtig schlecht verkauft. Ein Personalchef wird natürlich irritiert sein, weil er spürt, dass es Sonja an Selbstsicherheit mangelt. So jemanden will er nicht in seinem Unternehmen haben.

Wie würde wohl Katja, die selbstsichere Freundin von Sonja, dieses Thema angehen? Katja hat die letzten Jahre keine Pause gemacht. Sie war zwar zu Hause, aber ihre Aufgaben als Ehefrau und Mutter ging sie an wie ihren Job. Sie sagt voller Überzeugung von sich, dass sie »ein kleines Familienunternehmen« geleitet hat. Das bedeutet, sie hat die Verantwortung dafür übernommen, dass zwei kleine Kinder ihren Weg durch die Welt finden. Dabei hat sie gelernt, zu organisieren, zu planen, mit extremem Stress umzugehen, unerwartete Situationen zu managen, Verantwortung zu übernehmen, ein kleines Team zu führen, Zeitmanagement zu beherrschen und flexibel zu sein. Das sind ebenfalls ideale Voraussetzungen für eine Position im Management. Katja kann zudem auch praktische Erfolge vorweisen: Sie hat die Elternvertretung im Kindergarten aufgemischt und effizienter gestaltet, jetzt ist sie Elternsprecherin in der Jahrgangsstufe ihres Sohnes geworden und hat vor Kurzem einen wichtigen Erfolg errungen. Auch im Hinblick auf ihren alten Beruf ist sie auf dem Laufenden geblieben und hat im letzten halben Jahr sogar eine Fortbildung absolviert.

Mit leuchtenden Augen erzählt sie beim Vorstellungsgespräch diese Geschichte. Wen, glauben Sie, wird er einstellen? Natürlich Katja, weil sie wertvoll für sein Unternehmen sein kann. Sie hat sich gut »verkauft«, ihre Situation in ihren Vorteil umgewandelt und damit überzeugt. Sonja hingegen hat sich unter Wert verkauft. Sie glaubt, dass sie für die Gesellschaft wertlos geworden ist, und tritt dementsprechend auf. Nur diese Botschaft kommt beim Gegenüber an und Sonja wird mit dieser Einstellung nicht erfolgreich sein können.

Menschen, denen es an Selbstwertgefühl mangelt, verkaufen sich meist unter Wert. Das ist die häufigste Ursache, warum sie nicht erfolgreich sind. Die Gründe dafür

sind einfach nachzuvollziehen: Wenn wir uns unsicher und wenig selbstbewusst fühlen, glauben wir ganz automatisch, dass uns auch die anderen Menschen so sehen. Wir gewinnen den Eindruck, dass wir mit unseren Fähigkeiten nutzlos in dieser Welt sind. Mit dieser Einstellung gehen wir wichtige Gespräche an und offenbaren unserem Gesprächspartner unser aktuelles angeschlagenes inneres Bild. Natürlich führt dieses Verhalten auch zu den entsprechenden Ergebnissen. Niederlagen sind programmiert, wir bekommen keine Anerkennung, können unsere Ziele nicht durchsetzen oder verdienen weniger als andere. Dadurch werden wir unzufrieden, unser inneres Bild leidet noch stärker und beim nächsten Mal setzen wir unseren Wert sicherheitshalber noch niedriger an.

Sie ahnen es schon: Auch hier können Sie natürlich viel ändern. Sie können Ihren inneren Wert verbessern und diesen Wert selbstbewusst nach außen tragen. Sofort werden Sie von Ihren Gesprächspartnern anders wahrgenommen. Man hört auf Sie, geht auf Ihre Wünsche ein, zollt Ihnen die gewünschte Anerkennung. Dadurch fühlen Sie sich glücklich und zufrieden. Beim nächsten Mal setzen Sie Ihren Wert automatisch etwas höher an und werden wahrscheinlich auch damit erfolgreich sein.

Um Ihnen zu verdeutlichen, wie das funktioniert, möchten wir kurz die folgende wahre Begebenheit schildern: Madonna, Pop-Ikone und sicher eine der erfolgreichsten Geschäftsfrauen der Welt, ist seit Anfang 2009 mit einem 22-jährigen männlichen und top aussehenden Model liiert. Vor seiner Liaison mit Madonna verdiente der Brasilianer Jesus Luz bei Fotoproduktionen am Tag etwa 200 Dollar. Die Gagen eines durchschnittlichen Amateurmodels liegen etwa beim Doppelten, Topmodels verdienen pro Tag vier- bis fünfstellige Summen. Nach ein paar Wochen mit Madonna stiegen seine Tagesgagen sprunghaft an. Er ist nun für 90 000 Dollar am Tag zu haben. Was ist passiert? Sein Aussehen, der Ausdruck und andere für Modefotografen wichtige Details haben sich bestimmt nicht wesentlich verändert. Aber Madonnas Partner hat einfach seinen Wert um das 450-fache erhöht. Er hat natürlich das Glück, dass es dank seiner exzellenten Beziehungen offensichtlich auch im Hochpreissegment einen Markt für ihn gibt. Dennoch kann auch ein Mann in

➡ *TIPP*

Fühlen Sie sich in Ihr Wunschszenario hinein, wenn Sie Ihren Wert erhöhen wollen. Stellen Sie es sich intensiv und mit allen Sinnen vor. So merken Sie am schnellsten, ob es für Sie stimmig ist.

TEST: *Wie erhöhen Sie Ihren Wert?*

Stellen Sie mit dem folgenden Test zuerst fest, woran Sie in Bezug auf Ihr Selbstwertgefühl als Nächstes arbeiten sollten:

1. Machen Sie eine Liste aller Gelegenheiten, bei denen es auf Ihren Wert ankommt – beruflich, privat, gegenüber Freunden oder Verwandten. Sie können auch die letzten zehn konkreten Beispielsituationen aufschreiben, die Ihnen zum Thema Wert einfallen.

2. Schreiben Sie dazu, wie Sie Ihren Selbstwert in der jeweiligen Situation derzeit einschätzen. Verwenden Sie dazu drei Symbole: – für zu niedrig, 0 für gerade richtig, + für zu hoch.

3. Stellen Sie jetzt alle Situationen heraus, die Sie mit einem Minus gekennzeichnet haben. Schauen Sie sich diese Situationen genau an: Was ist dort vorgefallen? Warum haben Sie sich damals unter Wert verkauft? Berücksichtigen Sie in der Analyse die folgenden Punkte:

   a. Wie war Ihre Vorgeschichte in der Situation?

   b. Wie haben Sie sich in der Situation gefühlt?

   c. Wie ist Ihr Gegenüber aufgetreten?

4. Falls Sie Situationen mit + gekennzeichnet haben, dann schauen Sie auch diese an. Was ist hier passiert? Warum haben Sie sich hier anders als in den Minus-Situationen verhalten? Analysieren Sie auch hier wieder nach den Punkten 3a, 3b und 3c.

Mit dieser Kurzanalyse können Sie »Baustellen« bei sich identifizieren und vielleicht schon einmal ein paar typischen »Wert-Mustern« auf die Spur kommen.

seiner Situation eine solche Aufwertung nur erfolgreich umsetzen, wenn er sich innerlich als 90 000-Dollar-Model fühlt und entsprechend auftritt. Das funktioniert nur mit einer gehörigen Portion Selbstsicherheit.

Sie müssen jetzt natürlich keinen Promi heiraten, um damit Ihren Wert zu steigern. Diese Geschichte enthält dennoch eine Botschaft für Sie. Diese lautet: Sie können viel mehr erreichen, als Sie sich im Moment gerade zutrauen. Sie müssen es nur wagen. Darin liegt nämlich der Schlüssel. Ihr inneres Bild muss mit dem übereinstimmen, was Sie erreichen möchten.

An dieser Stelle sei ein Wort der Warnung angebracht. Die große Schwester der Selbstunterschätzung ist die Selbstüberschätzung. Es gibt Menschen, die sich permanent mehr zutrauen, als sie später auch schaffen. Langfristig führt eine solche Einstellung natürlich auch zu Misserfolgen und kann hier nicht empfohlen werden. Aber in aller Regel ist das Problem vieler Menschen, dass sie sich zu wenig zutrauen. Daher empfehlen wir unbedingt, die eigenen Grenzen im Kopf deutlich nach oben zu verschieben.

Erhöhen Sie nun Ihren Wert gegenüber anderen Menschen. Die folgenden Tipps unterstützen Sie dabei:

* **Benchmarking:** Was, denken Sie, sind Sie wert? Schauen Sie sich andere Menschen in Ihrer Umgebung an, die sich in einer ähnlichen Situation befinden. Was können diese? Wie treten sie auf? Welcher Wert ist überhaupt möglich? Diese Standortbestimmung funktioniert wie die Vorbereitung für eine Gehaltsverhandlung. Wenn Sie wissen, dass für Ihre neue Position zwischen 1800 und 2200 Euro möglich sind, sollten Sie vielleicht mit 2300 Euro ins Rennen gehen und sich dann etwas herunterhandeln lassen. Hüten Sie sich davor, beispielsweise mit 1700 Euro Wunschvorstellung ins Gespräch einzusteigen. Das wirkt nach außen, als wüssten Sie nicht, was Ihre Arbeit wert ist, und man wird versuchen, Sie noch weiter zu drücken.

* **Vorbereitung:** Bereiten Sie sich auf die nächste schwierige Situation vor. Spielen Sie sie im Kopf durch und legen Sie Ihren Wert vorher fest. Diesen verkaufen Sie auch. Sammeln Sie dazu vor allem Argumente, mit denen Sie sich präsentieren. Wenn Sie wie in unserem Beispiel dem Rektor Ihres Sohnes gegenübersitzen, ist ein mögliches Argument: »Ich habe mit vier weiteren Müttern und zusätzlich mit einer erfahrenen Pädagogin aus meiner Verwandtschaft gesprochen. Alle haben mir bestätigt, dass ...« Weil Sie Fachkompetenz zeigen, steigt automatisch Ihr Wert für Ihr Gegenüber.

* **Analyse:** Wovor genau haben Sie Angst, wenn Sie sich nicht trauen, Ihren Wert zu vertreten? Finden Sie diese Ängste heraus. Meist werden Sie erkennen, dass diese Ängste nicht wirklich begründet sind. Oft reicht ein sachliches Nachdenken aus, um Sie von dieser Angst zu befreien. Niemand wird Sie fressen, schlagen oder Ihre Existenz vernichten. Nein, Sie werden nur immer genau daran

erinnert, weil Sie Ihrem Unterbewussten erlauben, sich in seine eigenen Fantasien zu verrennen.

* **Handeln:** Üben Sie. Nutzen Sie jede Gelegenheit, schwierige Gespräche zu führen. Dadurch werden Sie von Mal zu Mal besser. Auch dieser Punkt kann am Beispiel einer gelungenen Bewerbungsstrategie deutlich werden: Menschen, die sich beruflich verändern wollen, sollten zu Übungszwecken auch uninteressante Bewerbungsgespräche führen. Sie lernen dort sehr schnell, was gefragt wird, worauf es ankommt, wo Fallstricke lauern und welchen Wert man auf dem Markt besitzt. Zudem verliert man im Verlauf dieser Übungsgespräche sehr schnell seine Nervosität. Genauso funktioniert es auch bei schwierigen Gesprächen im Privatleben.

Hören Sie auf, sich zu entschuldigen

Haben Sie schon einmal darauf geachtet, wie viele Menschen sich ständig für irgendetwas entschuldigen? Natürlich sollte man sich in manchen Situationen entschuldigen. Zum Beispiel wenn jemand bei einer Party einem anderen Gast versehentlich einen Teller voller Tomatensoße über das weiße Hemd kippt. Oder wenn man als Trauzeugin bei der Hochzeit der besten Freundin eine Stunde zu spät kommt. In solchen Fällen ist eine aufrichtige Entschuldigung angebracht. Doch es gibt auch andere Beispiele:

* Sie veranstalten eine Party. Die Gäste sind ab 20 Uhr eingeladen. Sonja und ihr Mann kommen fünf Minuten nach acht und sind die Ersten. Sonja begrüßt Sie mit den Worten: »Entschuldige, dass wir etwas später kommen. Wir haben den Autoschlüssel nicht gefunden. Leider konnte ich auch nicht mehr einkaufen. Daher haben wir euch nur einen ganz einfachen Rotwein als Geschenk mitgebracht, der noch im Regal lag. Tut mir leid.« Wie wirkt das auf Sie?

* Sie besuchen einen Vortrag in der Gemeinde. Der Redner betritt die Bühne und beginnt seinen Vortrag mit den Worten: »Ich möchte mich dafür entschuldigen, dass ich mich auf heute Abend nicht richtig vorbereiten konnte. Außer-

dem bin ich für das Thema nicht ganz der Passende. Dennoch hoffe ich natürlich, dass Sie nicht allzu enttäuscht nach Hause gehen werden.« Haben Sie bei einer solchen Einleitung noch Lust, zuzuhören?

✳ Sie haben ein Date und treffen Ihren neuen Schwarm in einem romantischen Café. Nach kurzer Begrüßung sagt er: »Tut mir leid, ich konnte mir die Haare nicht mehr richtig machen. Und leider konnte ich mein Hemd nicht mehr bügeln. Sieh einfach darüber hinweg.« Wie viel Romantik ist wohl danach noch bei Ihnen übrig?

Drei Situationen, wie sie nicht selten vorkommen. Dazu möchten wir Ihnen auch die Szene in Erinnerung rufen, die wir eingangs geschildert haben und bei der sich die Gastgeberin einer Einladung permanent für ihr vermeintlich misslungenes Essen entschuldigt hat. Solche und ähnliche Erlebnisse passieren immer wieder. In vielen Menschen scheint der Drang zu schlummern, sich dauernd für etwas entschuldigen zu müssen. Doch warum?

Betrachten wir zuerst die Folgen dieses Verhaltens. Was passiert mit Ihnen, wenn Sie solche Entschuldigungen hören? Im ersten Fall werden Sie sich nicht mehr besonders über den Rotwein freuen, der schon bei der Übergabe schlechtgemacht wurde. Sie verwenden ihn höchstens noch, wenn Sie eine Rotweinsoße

➡ *WISSENSWERTES*

Der Grund für dauernde Rechtfertigungen liegt darin, dass unsichere Menschen, die sich zudem meist minderwertig vorkommen, ständig in Angst leben, Fehler zu machen. Sie befürchten, durch einen Fehler an Ansehen zu verlieren. Also gehen sie in die Offensive. Da sie glauben, dass der Fehler sowieso auffliegen wird, halten sie es für das Beste, ihn gleich selbst zuzugeben. Damit versuchen sie, ihr Publikum zu versöhnen, Verständnis zu wecken und die dringend notwendige Anerkennung zu erhalten. Doch leider funktioniert es auf diese Weise nicht. Menschen mögen keine Verlierer, sie schätzen nur Gewinner. Wenn sich jemand ständig entschuldigt, wird er aber eindeutig als Verlierer eingestuft. Zudem richtet sich die Aufmerksamkeit von ganz allein auf die angekündigten Fehler. Die Aufforderung, einfach darüber hinwegzuhören oder -zusehen, wird nicht funktionieren, ganz im Gegenteil.

👉 ÜBUNG: *Der blaue Elefant*

Diesen Effekt können Sie im Übrigen selbst ausprobieren. Dazu machen wir an dieser Stelle eine Miniübung: Legen Sie das Buch bitte kurz weg, setzen Sie sich entspannt hin und schließen Sie die Augen. Denken Sie jetzt bitte NICHT an einen blauen Elefanten. Starten Sie die Übung.

Und, hat die Übung funktioniert? Woran haben Sie anstelle des blauen Elefanten gedacht? Wir kennen Ihre Antwort schon, die Übung hat nicht funktioniert, denn Sie haben entgegen der Anweisung den blauen Elefanten natürlich sehr deutlich vor sich gesehen. Genau das passiert, wenn Sie sich entschuldigen. Die Aufmerksamkeit wandert vollständig auf die Tatsache, dass Sie fünf Minuten zu spät sind – wahrscheinlich hätte das nicht einmal jemand bemerkt, hätten Sie es nicht selbst angesprochen. Manche Menschen kommen sogar absichtlich zu spät, um aufzufallen. Diese verfügen in aller Regel über ein ausgesprochen hohes Maß an Selbstsicherheit.

machen, oder kippen ihn gleich weg. Bei der Gemeindeveranstaltung stimmen Sie sich zu Beginn gleich darauf ein, dass der Vortrag wohl nichts taugt und der Abend misslungen ist. Genau mit diesem Gefühl werden Sie auch nach Hause gehen, selbst wenn die Veranstaltung entgegen Ihren Erwartungen doch noch interessant wurde.

Beim Date holt Sie die Bemerkung Ihres Schwarms ganz schnell von der rosaroten Wolke herunter. Die Bemerkung »Sieh einfach darüber hinweg« kommt nicht bei Ihnen an. Ganz im Gegenteil, Sie schauen jetzt erst recht hin. Die Schuhe hätte er wenigstens putzen können, werden Sie denken. Um dann mit Besorgnis festzustellen, dass am Halsansatz doch schon etwas viele Falten zu sehen sind. Wahrscheinlich murmeln Sie selbst bald eine Entschuldigung und verlassen das Date.

Auch das anfangs erwähnte misslungene Essen hat Folgen: Wenn die Gastgeberin in aller Breite erläutert, dass der Braten noch etwas länger im Ofen hätte bleiben müssen und vielleicht eine Prise mehr Salz kein Fehler gewesen wäre, wird Ihnen das Essen wahrscheinlich nicht mehr schmecken. Ihre Aufmerksamkeit geht nun nämlich von ganz allein auf Fehlersuche. Den Nachtisch aus dem Tiefkühlregal wollen Sie auch nicht. Zudem wird Sie diese Entschuldigungstirade vielleicht nerven und Ihnen vergeht endgültig die Lust, diese Person zu sich einzuladen.

Fazit: Lassen Sie das Entschuldigen. Es lohnt sich! Hierzu möchten wir Ihnen noch eine kleine Geschichte erzählen, die aus einem amerikanischen Spielfilm stammt:

Ein Amerikaner in Los Angeles ist frisch in eine Chinesin verliebt und will sie heiraten. Die Beziehung leidet unter diversen interkulturellen Schwierigkeiten. Eines Tages kommt es endlich zur ersten offiziellen Einladung bei den chinesischen Eltern. Es gibt ein exzellentes chinesisches Essen. Wie anscheinend im traditionellen China üblich, beginnt die Gastgeberin das Essen damit, sich für ihre mangelnden Kochkünste zu entschuldigen und ihr Essen herabzuwürdigen. Dies gehört zur Tradition und der Zweck ist hier ein ganz anderer als oben geschildert. Der Gast ist aufgefordert, energisch zu widersprechen und auf diese Weise Gelegenheit zu erhalten, das Essen überschwänglich zu loben. Der junge amerikanische Schwiegersohn in spe ist jedoch mit dieser Rolle und den kulturellen Unterschieden überfordert. Als geradliniger Amerikaner nimmt er die Entschuldigung für bare Münze, kostet einen Löffel von der Suppe und sagt: »Stimmt, sie schmeckt leicht angebrannt. Etwas Salz würde ebenfalls nicht schaden.« Am Tisch herrscht plötzlich eisiges Schweigen und der erste Kontakt zu den Schwiegereltern ging schon einmal gründlich schief.

Wie der Film ausging, ist nicht weiter wichtig. Wenn wir ähnliche Situationen bei deutschen Gastgebern erleben, fällt uns jedoch oft diese Szene ein. Hierbei sei verraten, dass die oben geschilderten Beispiele von uns nicht ausgedacht wurden, sondern alle selbst erlebt sind.

> **➡ TIPP**
>
> *Entschuldigen Sie sich nicht für die kleinen Dinge des Lebens. Es ist, wie es ist, und Sie geben den Dingen dadurch eine Bedeutung, wie Sie sie ankündigen oder behandeln.*

Mit permanenten Entschuldigungen lösen Sie bei Ihrem Gegenüber Befremden aus; das bringt Ihnen keinerlei Vorteile.

Das richtige Verhalten:

* **Die Party**: Sie betreten den Raum und sagen zu den Gastgebern: »Hier sind wir. Wir freuen uns so, dass wir kommen konnten. Außerdem haben wir euch einen ganz tollen Rotwein mitgebracht.«

* Der Vortrag: Der Redner betritt die Bühne und beginnt: »Guten Abend meine Damen und Herren. Ich freue mich sehr, heute vor Ihnen zu stehen und Ihnen über dieses spannende Thema zu berichten. Ich verspreche Ihnen einen kurzweiligen Abend, an den Sie noch lange zurückdenken werden.«

* Das Date: Hierzu möchten wir nicht allzu viel sagen, nur so viel: Reden Sie beim ersten Mal nicht von sich, reden Sie nicht über Fehler, nicht über Schwächen oder andere negative Dinge, sondern bleiben Sie im rosaroten Bereich.

* Das Essen: Wenn Sie ein Essen präsentieren, tun Sie das folgendermaßen: »Liebe Gäste. Heute möchte ich euch etwas ganz Besonderes anbieten. Es ist ein altes Rezept aus meiner Heimat und wird nur mündlich von der Mutter an die Tochter weitergegeben. Lasst es euch schmecken, ich verspreche euch einen ganz besonderen Genuss.«

Überlegen Sie einmal: Was passiert, wenn Sie auf diese Weise angesprochen werden? In Ihnen entstehen positive Gefühle. Sie konzentrieren sich auf das Besondere und werden es auch fühlen, hören oder schmecken. Außerdem zollen Sie der Gastgeberin, dem Gast oder dem Referenten Ihre Anerkennung und alle sind zufrieden.

Menschen, die sich ständig entschuldigen, machen sich zudem unnötig klein. Sie werden auch als klein wahrgenommen und behindern damit ihr eigenes Wachstum. Achten Sie daher auf Ihre Wortwahl und Ihr Verhalten. Verbannen Sie diese Entschuldigungen aus Ihrem Leben.

Bleiben Sie hartnäckig

Vielleicht kommt Ihnen die folgende Situation bekannt vor: Sie sitzen in einer Gruppe und besprechen ein wichtiges Thema. Das kann ein Teammeeting im Unternehmen, eine Elternversammlung im Kindergarten oder in der Schule oder die Planung des nächsten Urlaubs mit ein paar Freunden sein. Sie haben eine Idee und schlagen sie vor. Der Gruppenleiter sagt: »Danke für deine Idee. Mal sehen, was wir noch haben.« Am Ende verschwindet Ihre Idee und wird nie mehr aufgegriffen. Sie ärgern sich, weil Sie sich wieder mal nicht durchsetzen konnten. In Zukunft werden Sie Ihre guten Ideen noch länger zurückhalten.

Was ist passiert? Es gibt Menschen, die selbstsicher wirken, im Einzelgespräch auch mal Nein sagen können und offensichtlich wissen, was sie wollen. Dennoch werden sie ausgebremst – zum Beispiel in einer Situation wie der, die wir gerade geschildert haben. Wie kommt es dazu?

Die Analyse zeigt, dass diese Menschen zwar schon auf dem richtigen Weg, aber einfach noch nicht selbstsicher genug sind. Es reicht nicht, zwischendurch mal laut seine Meinung zu sagen, auch wenn das für viele Menschen schon schwierig genug ist. Es wird immer Menschen geben, die sehr gut darin sind, andere Menschen auszubremsen. Trifft man auf eine solche Person, braucht man meist eine große Portion Selbstsicherheit, um seine Ziele dennoch zu erreichen.

Oft sind solche »Bremser« machtbewusste und dominante Menschen, die zudem über fein ausgefeilte Techniken verfügen, um andere Menschen zu kontrollieren. Sie tun das aus einem ganz einfachen Grund: Sie denken, der Erfolg anderer Menschen könnte ihren eigenen Erfolg ja gefährden. Also verhindern sie jenen lieber.

Manchmal geht es auch einfach nur darum, etwas nicht ändern zum müssen. Auch für dieses Motiv werden Menschen mitunter sehr aktiv und verhindern Neuerungen mit sehr viel Energie. Solche Ausbrems- und Manipulationsversuche finden überall statt. Man findet sie in Beziehungen, im Verhältnis zu den eigenen Eltern oder Kindern, im Freundeskreis und natürlich im Job. Allerdings sind die Bremser mit ihren Techniken vor allem bei unsicheren Menschen erfolgreich und wenden sie dort sehr gern an.

Menschen, die andere gern manipulieren oder zu begrenzen versuchen, bevorzugen vor allem zwei Techniken: Aussitzen und Einwände. Diese Techniken und natürlich auch dazu passende Gegenstrategien werden wir im Folgenden näher beleuchten. Wenn Sie etwas über Selbstsicherheit lernen möchten und Ihr Ziel vor allem ist, Ihren eigenen Auftritt zu verbessern, ist es sehr lohnend, sich mit diesem Thema näher zu beschäftigen. Denn es ist meist recht einfach, solche Manöver zu durchschauen und etwas dagegen zu unternehmen.

Das Aussitzen

Diese Technik ist sehr beliebt. Sie sagen etwas, Ihr Gesprächspartner lächelt nett und bestätigt Ihnen damit, dass er Ihre Botschaft verstanden hat. Doch anstatt zu handeln, vergisst er Ihr Anliegen gleich wieder. Somit erledigt sich die Sache irgendwann von allein. Das sieht dann so aus;

Sie haben beispielsweise das Gefühl, Ihr Ehe- oder Lebenspartner vernachlässig Sie in letzter Zeit. Sie sprechen ihn darauf an und erhalten als Antwort: »Ja, Schatz, gern können wir mal darüber sprechen, dass wir abends wieder häufiger etwas gemeinsam machen. Lass uns mal irgendwann einen günstigen Zeitpunkt suchen, um das zu besprechen.« Das war es dann. Sie hören nie wieder davon.

Diese Taktik ist sehr einfach und funktioniert erstaunlich oft. Viele Anliegen gehen auf diese Weise verloren, weil sie nicht mit Nachdruck verfolgt wurden oder weil die fragende Person zu schnell frustriert aufgibt.

Auch im Berufsleben sind diese Situationen sehr häufig. Stellen Sie sich vor, Sie bitten Ihren Chef um eine Gehaltserhöhung. Er antwortet Ihnen: »Ja, Frau XY, Ihr Wunsch nach einer Gehaltserhöhung ist verständlich. Ich schätze Sie auch sehr als Mitarbeiterin. Doch leider habe ich im Moment keine Zeit. Lassen Sie uns doch irgendwann darüber reden. Ich komme auf Sie zu.« Und kaum hat er dies ausgesprochen, vergisst der Chef die ganze Angelegenheit, während Sie von Mal zum Mal weniger Lust haben, nachzufragen, und immer frustrierter werden.

Ihre Gegenstrategie bei »Aussitzern«

Ihre Gegenstrategie gegenüber »Aussitzern« heißt Hartnäckigkeit. Bleiben Sie am Ball, springen Sie über Ihren Schatten und nerven Sie, wenn es sein muss. Nur so erreichen Sie Ihr Ziel. Natürlich muss Ihnen Ihr Ziel so wichtig sein, dass es sich lohnt, dafür einige Anstrengung auf sich zu nehmen. Packen Sie Power hinter Ihren Wunsch! Weiterhin müssen Sie davon überzeugt sein, dass Ihnen Ihr Wunsch auch zusteht. Sie dürfen nicht daran zweifeln, dass Ihr Ehepartner mehr Zeit mit Ihnen verbringen sollte. Sie müssen fest davon überzeugt sein, dass Sie mehr Gehalt verdienen. Denn nur dann bringen Sie die Energie auf, Ihre Interessen zielstrebig voranzutreiben. Andernfalls merkt Ihr Gegenüber sofort Ihre Schwäche und wird Ihren Wunsch verweigern.

> **➡ TIPP**
>
> *Wenn Ihr Gesprächspartner hartnäckig ist, sollten Sie noch hartnäckiger als er werden. Geben Sie nicht nach und verfolgen Sie Ihr Anliegen zielstrebiger als Ihr Kontrahent.*

So werden Sie hartnäckig:

✳ Nageln Sie Ihren Gesprächspartner in dem Moment fest, in dem er versucht, Sie abzuwimmeln. Ihre Antwort sollte lauten: »Nein, Schatz, ich möchte das bitte JETZT besprechen.« Oder: »Nein, Chef, ich würde gern JETZT darüber sprechen. Es dauert nur fünf Minuten.« Verbinden Sie diese Antwort mit einem festen Blick in die Augen des Gesprächspartners und nehmen Sie eine aufrechte, standfeste Körperhaltung ein. Häufig durchbrechen Sie schon damit die Verteidigungsmauer Ihres Gegenübers.

✳ Vereinbaren Sie einen festen Termin. Wenn Ihr Gesprächspartner wirklich keine Zeit hat oder es Ihnen doch nicht gelingt, ihn festzunageln, dann vereinbaren Sie einen festen Termin: »In Ordnung, Schatz, wann können wir denn reden? Passt dir morgen Abend, nachdem die Kinder im Bett sind?« Oder: »Ja, Chef, lassen Sie uns einen neuen Termin suchen. Passt Ihnen der kommende Montag um elf Uhr? Eine halbe Stunde wird uns reichen.« Schlagen Sie unbedingt einen konkreten Termin vor. Sobald eine feste Zeit im Raum steht, bekommt das Anliegen Gewicht und kann von Ihrem Gesprächspartner nicht mehr so leicht ignoriert werden.

✳ Kommen Sie immer wieder auf das Thema zurück und lassen Sie sich nicht abwimmeln. Nerven Sie notfalls einfach. Irgendwann wird Ihr Gesprächspartner nachgeben, weil er keine Lust mehr auf die Auseinandersetzung hat. Viele Menschen gehen den Weg des geringsten Widerstandes. Wenn der geringste Widerstand durch Nichtstun erreicht wird, wählen diese Leute diesen Weg. Wenn es aber einfacher wird, indem man dem ständigen Drängen nachgibt, werden solche Menschen darauf eingehen und handeln. Dann haben Sie Ihr Ziel erreicht. Also müssen Sie lediglich genügend Druck aufbauen, um Ihr Anliegen durchzusetzen.

✳ Bleiben Sie auf jeden Fall höflich, aber in der Sache bestimmt und hart. Bringen Sie Ihr Thema immer wieder zur Sprache, auch wenn es Ihnen vielleicht schon peinlich wird. Denken Sie aber daran, dass Ihr Gegenüber eventuell genau das gegenteilige Ziel verfolgt, also Sie zu ermüden, zu frustrieren und Ihnen Ihr Anliegen peinlich und nichtssagend erscheinen zu lassen. Sie selbst bestimmen jedoch, was für Sie persönlich wichtig ist.

Hartnäckigkeit ist nicht nur eine wichtige Eigenschaft, wenn es darum geht, selbstsicherer zu werden. Viele große Ideen auf dieser Welt konnten nur realisiert werden, weil ihre Begründer hartnäckig waren und immer wieder versuchten, Menschen davon zu überzeugen – so lange, bis ihnen der Durchbruch gelang. Daher können wir Ihnen nur den Tipp geben, Ihre eigenen Ziele und Ideen ganz obenan zu stellen und alles daranzusetzen, diese auch zu erreichen.

Der Einwand

Die zweite Technik, mit der Sie sehr häufig ausgebremst werden, sind Einwände aller Art. Ihr Gegenüber widerspricht Ihnen und hebelt Ihre Argumente aus. Wenn es um Ihr Selbstvertrauen nicht so gut bestellt ist, gelingt ihm das relativ leicht. Die Einwände können dabei sachlich, unsachlich oder unfair sein. Damit Sie lernen, künftig mit Einwänden aller Art souverän und locker umzugehen, möchten wir Ihnen die wichtigsten möglichen Einwandstrategien Ihrer Gesprächspartner hier kurz vorstellen:

Sachliche Einwände

Sachliche Einwände werden oft angewandt, umgibt sie doch der Hauch der Unfehlbarkeit. Damit versucht Ihr Gegenüber, Ihnen den Wind mit rationalen Mitteln aus den Segeln zu nehmen. Stellen Sie sich zum Beispiel vor, dass Sie mit Ihrem Partner wegen des nächsten Urlaubs diskutieren. Er will wie immer an den Bodensee, Sie möchten zur Abwechslung mal an die Ostsee. Er entgegnet auf Ihr hartnäckiges Argumentieren: »Schatz, wir können nicht an die Ostsee fahren. Es ist zu weit, die Hotels sind zu teuer und außerdem habe ich hier eine Statistik, nach der es an der Ostsee mehr regnet als am Bodensee.« Sachlicher geht es wohl kaum, oder? Aber sollten Sie sich dadurch geschlagen geben?

Das andere Beispiel stammt aus dem Berufsalltag: Sie wollen endlich Ihre verdiente Gehaltserhöhung. Der Chef sagt: »Tut uns leid, Frau Müller, wir können Ihnen einfach nicht mehr zahlen. Sie müssen verstehen, unsere aktuellen Auftragszahlen sind zu schlecht und die Wirtschaftslage gibt einfach nicht mehr her.« Das ist ebenfalls ein sachliches Argument. Bedeutet das gleich das Ende für Ihre Überzeugungskunst?

Ihre Gegenstrategie auf sachliche Einwände
Sie können mit zwei Strategien auf sachliche Einwände reagieren:

1. Sie bleiben ebenfalls auf der sachlichen Ebene und fangen an zu argumentieren. Das setzt voraus, dass Sie hartnäckig genug sind und das berücksichtigen, was wir im vorigen Absatz bereits geschrieben haben. Sie können die Argumente Ihres Gegenübers hinterfragen, mit besseren Argumenten kontern und Ihr Gegenüber somit verunsichern. Beim Urlaub könnten Sie sagen: »Schatz, lass uns doch die Kosten genau durchrechnen. Ich habe hier ein Hotel gefunden, welches viel günstiger als unser Hotel am Bodensee ist.« Mit viel Energie und guter Sachkenntnis erreichen Sie so Ihr Ziel. Doch eines ist wichtig: Auch in solchen Sachdiskussionen entscheiden meist die Gefühle, weil Fakten häufig nur vorgeschoben werden. Daher gewinnt oft nicht derjenige, der die besseren Fakten hat, sondern die Person, die in der Lage ist, sich bei dem jeweiligen Thema besser durchzusetzen.

2. Sie setzen bei den Emotionen an. Es ist grundsätzlich auch möglich, sachlichen Argumenten mit Gefühlen zu begegnen und jene dadurch wirksam zu entkräften. Was, glauben Sie, wird passieren, wenn Sie Ihrem Ehepartner in der Urlaubsdiskussion entgegnen: »Schatz, deine Sachargumente interessieren mich überhaupt nicht. Ich will in diesem Jahr unbedingt an die Ostsee. Mir hängt der ewig gleiche Urlaub zum Hals heraus und ich werde echt sauer, wenn wir wieder an den Bodensee fahren.« Das ist eine klare Ansage und Ihr Partner weiß, worauf er sich einlässt. Viele Menschen scheuen genau diesen Schritt, weil sie Angst um die Harmonie haben, die vielleicht in der Beziehung mühsam gehegt und gepflegt wird. Der Preis ist dann ein weiterer unbefriedigender Urlaub. Lassen Sie daher lieber Ihren Gefühlen an der richtigen Stelle freien Lauf, setzen Sie sich durch und probieren aus, was passieren wird.

Je nach Situation sollten Sie entscheiden, welche Gegenstrategie angebracht ist, die sachliche oder die emotionale. Wahrscheinlich werden Sie im Job besser auf Erstere zurückgreifen, im Privatbereich darf dafür gern auch mal emotional argumentiert werden. Eine der beiden Strategien funktioniert auf jeden Fall. Wenn Ihr Chef Ihre Gehaltserhöhung ablehnt und Sie das als ungerecht empfinden, müssen Sie selbst das stärkere Geschütz auffahren. Wichtig ist hierbei, nicht auf den Standpunkt Ihres Chefs einzusteigen, sondern eigene Argumente zu bringen. So müssen Sie überzeugend vortragen, dass Sie für Ihre Aufgaben und Verantwortung zu wenig erhalten, dass Sie für die Firma verschiedene wichtige Projekte betreut oder wichtige Kunden überzeugt haben oder Ähnliches. Hier ist Überzeugungskraft, Hartnäckigkeit und eine gesunde Portion Selbstsicherheit erforderlich. Wenn Sie noch nicht genügend Selbstsicherheit besitzen, ist eine Gehaltsverhandlung eine gute Gelegenheit zum Üben. Hier dürfen Sie hartnäckig sein, in vielen Fällen ist anders ein höheres Gehalt nicht zu erreichen.

Wenn alle Argumente erfolglos sind, bleibt als letzte Möglichkeit meist nur, sich nach einer Alternative umzusehen. Mit diesem alternativen Jobangebot können Sie Ihren Chef dann konfrontieren. »Dann tut es mir auch leid, Herr Maier. Wenn Sie mein Engagement hier im Unternehmen nicht entsprechend honorieren, bin ich gezwungen, mich selbst nach einer Alternative umzusehen.« Hier empfehlen wir jedoch, nicht zu pokern, sondern wirklich ein neues Jobangebot in der Tasche zu haben. Wenn Sie bluffen und dies auffliegt, werden Sie es künftig sehr schwer haben, bei Ihrem Chef etwas durchzusetzen.

Unsachliche Einwände und Angriffe
Die nächste Stufe des Widerspruchs sind unsachliche Einwände oder gar Angriffe gegen Ihre Person. Sie erfolgen meist dann, wenn Ihrem Gesprächspartner selbst

> **➜ TIPP**
>
> *Wenn Sie im Job oder in Ihrem sonstigen Leben unzufrieden sind, müssen Sie selbst etwas daran ändern, um wieder zufrieden zu werden. Im Job gehört es manchmal auch dazu, sich weiter zu bewerben. Interessanterweise klappt das auch in wirtschaftlich schwierigen Zeiten. Gute, selbstsichere Mitarbeiter gehen, wenn ihnen die Umstände im bisherigen Unternehmen nicht mehr zusagen. Wer jedoch nicht den Mut hat, zu gehen, obwohl er zu wenig verdient, sich vom Chef in der Gehaltsverhandlung hinhalten lässt oder Mobbing erträgt, wird auf Dauer darunter leiden.*

die Argumente ausgehen oder wenn er sich bereits in der Defensive fühlt. Durch seine Angriffe will er Sie schwächen, um wieder die Oberhand zu gewinnen. Diese Strategie ist häufig erfolgreich, vor allem bei unsicheren Menschen.

Ein häufig verwendeter Angriff ist zum Beispiel die Antwort: »Du hast ja keine Ahnung!« Mit dieser Verallgemeinerung beendet ein Gesprächspartner umgehend jegliche weitere Diskussion und hindert vor allem unsichere Menschen daran, neue Argumente vorzutragen. Auch Sätze wie »Typisch Frau, Sie können das überhaupt nicht verstehen« oder »Das, was Sie hier vorschlagen, hat so noch nie funktioniert und wird auch jetzt nicht funktionieren« erfüllen schnell ihr Ziel, nämlich das Gegenüber zu verunsichern. Solche unsachlichen Strategien erfordern ein selbstbewusstes Handeln, um sich nicht einschüchtern zu lassen. Doch warum greifen uns Menschen überhaupt an? Hinter den typischen unsachlichen Einwänden oder Angriffen, die uns tagtäglich widerfahren, stecken oft sehr einfache Motive. Eines ist die Angst vor Veränderung, das heißt, die Person, mit der Sie sprechen, will eine bestehende Situation wahrscheinlich nicht ändern. Wenn Sie Ihrem Partner zum Beispiel ein neues Urlaubsziel vorschlagen, bedeutet das für ihn eine unkalkulierbare Veränderung. Er befürchtet vielleicht, mehr Zeit in die Vorbereitung stecken zu müssen oder sich am neuen Ort nicht zurechtzufinden. Solche Ängste sind oft irrational und von anderen kaum nachzuvollziehen. Aber sie bilden eine starke Triebkraft gegen jede Veränderung. Aus diesem Grund lehnen viele Menschen Veränderungen reflexartig ab, ohne sich Gedanken über deren tatsächliche Folgen zu machen. Dieses Verhalten erscheint ihnen am sichersten und stellt für sie eine Art Schutzmechanismus dar.

Was steckt genau hinter der Veränderungsangst? Es ist natürlich nicht nur die Angst, mehr Zeit in die Planung eines Pro-

➡ *WISSENSWERTES*

Angst vor Veränderung ist auch der wesentliche Grund dafür, dass Umstrukturierungsprozesse in Unternehmen, Organisationen oder in einer Familie so hartnäckig boykottiert werden. In der Industrie lebt zum Beispiel ein Heer von Beratern davon, Veränderungsprozesse in Unternehmen durchzuführen. Die Hauptarbeit dabei besteht jedoch nicht darin, sich neue und bessere Methoden auszudenken, wie das Unternehmen funktionieren soll. Nein, die schwierigste Aufgabe ist, jeden Einzelnen im Unternehmen davon zu überzeugen, etwas zu verändern. Der Umgang mit Einwänden und Angriffen ist daher nicht nur ein Thema für unsichere Menschen, sondern Alltag für Führungskräfte oder Berater.

jekts stecken zu müssen oder im Urlaub nicht zu wissen, wo man Brötchen kaufen kann. Nein, in der Regel verbergen sich hinter der Angst vor Veränderung echte Existenzängste.

Stellen Sie sich vor, dass Sie zum Rektor der Schule Ihres Kindes gehen und sich über die Behandlung Ihres Sprösslings beschweren wollen. Für Sie geht es dabei nur um Ihr Kind. Für den Rektor geht es vielleicht um viel mehr. Wenn Sie sich beschweren, greifen Sie die Kompetenz eines der Lehrerkollegen des Rektors an. Da er letztendlich für die Qualität seiner Lehrkräfte verantwortlich ist, greifen Sie damit gleichsam ihn direkt an. Damit erschüttern Sie ihn vielleicht, ohne es zu wissen, in seinen Grundfesten. Denn es ist ja durchaus denkbar, dass er selbst innerlich unsicher ist und von Existenzängsten geplagt wird. Vielleicht sagt ihm sein Unterbewusstes: »Wenn diese Mutter (oder dieser Vater) deine Kompetenz infrage stellt, dann werden dies auch andere tun. Irgendwann kommt die Schulbehörde dahinter. Ich werde versetzt und werde von meinem Amt suspendiert. Dann verliere ich auch noch mein Haus und meine Familie, sitze ich unter einer Brücke und muss verhungern.«

Erscheint Ihnen dieser Gedankengang übertrieben? Das ist er nicht. Genau solche Prozesse laufen häufig unbewusst in uns ab und steuern unsere Reaktionen. Natürlich würden wir in einem normalen Gespräch nie sagen, dass wir so denken, weil uns das gar nicht bewusst ist. Aber trotzdem ist dieses Szenario präsent.

Natürlich erfolgen solche Reaktionen nur, wenn alte und unbehandelte Ängste und Verwundungen unter der Oberfläche schlummern. Doch diese Ängste existieren bei sehr vielen Menschen; auch Personen, die äußerlich erfolgreich und souverän wirken, sind davor nicht gefeit. Das ist auch der Hauptgrund, warum gute Ideen so oft abgelehnt und Änderungsvorschläge von unseren Mitmenschen häufig boykottiert werden.

Für jemanden, der selbst unsicher ist, sind solche Ablehnungsreaktionen natürlich fatal. Sie erschüttern sein Selbstbewusstsein und stellen alles infrage, was sich dieser Mensch in der letzten Zeit an Selbstvertrauen aufgebaut hat. Er wird die Ablehnung höchstwahrscheinlich persönlich nehmen.

Ihre Gegenstrategie auf unsachliche Einwände

Da jeder von uns sehr oft mit Angriffen und Ablehnungen konfrontiert wird, möchten wir Ihnen empfehlen, dass Sie sich eine gute und wirksame Gegenstrategie zurechtzulegen. Folgende drei Schritte sind hilfreich:

1. **Erkennen Sie den Angriff als solchen und wappnen Sie sich innerlich. Schalten Sie um auf Verteidigung und Gegenangriff.**

Viele Menschen schalten bei Angriffen um auf Flucht. Das ist falsch. Wenn Sie weglaufen, werden Sie nichts erreichen. Denken Sie einfach: »Okay, mein Gesprächspartner greift mich an. Er hat es wohl nötig. Aber nicht mit mir! Ich

lasse mich nicht einschüchtern.« Es ist wichtig, dass Sie in einer solchen Situation einen kühlen Kopf bewahren.

Versetzen Sie sich außerdem in die Rolle eines Beobachters. Stellen Sie sich zum Beispiel vor, dass Sie wie ein Vogel über der Szene schweben und sich selbst sowie Ihren Gesprächspartner beobachten. Jetzt erkennen Sie viel besser, was er mit Ihnen macht und wie er Sie zu manipulieren versucht.

2. **Verstehen Sie das Motiv Ihres Gegenübers.**

Wenn Sie das Motiv des Angriffs verstanden haben, können Sie gezielt darauf eingehen. Wenn Ihr Gegenüber zum Beispiel Angst vor Kompetenzverlust hat, können Sie ihm diese Angst leicht nehmen. Im Beispiel mit dem Schulleiter könnten Sie etwa sagen: »Natürlich schätze ich Ihre Kompetenz als Pädagoge sehr und baue darauf, dass Sie das Problem mit meinem Sohn leicht aus der Welt schaffen werden.« Sofort werden Sie merken, wie sich Ihr Gesprächspartner verändert. Er fühlt sich wertgeschätzt und wird nett und konstruktiv auf Ihr Anliegen eingehen. Gleichzeitig werden Sie innerlich wachsen und an Selbstsicherheit gewinnen, wenn Sie merken, wie leicht Sie mit dem Respekt einflößenden Rektor zurechtgekommen sind.

Im zweiten Beispiel, der Urlaubsreise, könnte das Motiv vielleicht die Angst vor dem Versagen und dem damit verbundenen Gesichtsverlust sein. Vielleicht ist Ihr Partner jemand, der gern den Versorger und Macher spielt. Das kann er aber nur in seiner gewohnten Umgebung. Wenn er sich jetzt vorstellt, sich am neuen Urlaubsort vielleicht nicht sofort zurechtzufinden, befürchtet er, dass seine Familie diese Unsicherheit als Versagen empfindet. Aus diesem Grund wehrt er sich gegen das neue Urlaubsziel. Wenn Sie dieses Motiv durchschaut haben, nehmen Sie Ihrem Partner die Angst, indem Sie ihn beruhigen: »Ach weißt du, was ich total lustig finde? Unser Hotel an der Ostsee ist genauso organisiert wie das am Bodensee. Und die Bäckerei ist gleich nebenan, praktischer geht es nicht.«

Vielleicht mögen Ihnen diese Beispiele sehr weit hergeholt vorkommen. Wir können Ihnen jedoch versichern, dass in uns allen ständig solche wirklichkeitsfremden Filme ablaufen. Das macht die Kommunikation zwischen Menschen auch so schwierig und sorgt immer wieder für Situationen, in denen zurückhaltende und unsichere Menschen den Kürzeren ziehen und einen Dämpfer bekommen. Leider benutzen Menschen mit eigenen Defiziten im Bereich Sicherheit und Souveränität häufig andere, schwächere Menschen dazu, sich selbst zu stärken. Der Chef, der seine Mitarbeiter anbrüllt, der Familienvater, der seine Kinder schlägt oder seine Frau demütigt, die Verkäuferin, die Sie herablassend behandelt – alle diese Leute demonstrieren damit letztendlich nur ihre eigenen Schwächen und Unzulänglichkeiten. Dahinter steckt die Vorstellung, dass man selbst stark wird, wenn man Schwächere manipuliert, unterdrückt oder unterwirft. Doch natürlich funktioniert das so nicht. Wirklich souveräne Menschen werden andere niemals für ihr eigenes Ego missbrauchen, sondern mit eigener Ausstrahlung überzeugen, führen oder Menschen für sich gewinnen.

Wer diese Zusammenhänge versteht, braucht sich nie mehr von anderen Menschen einschüchtern zu lassen und kann ganz schnell an echter Selbstsicherheit hinzugewinnen.

3. Parieren Sie den Einwand oder Angriff gekonnt, indem Sie aktiv handeln.

Natürlich dürfen Sie sich nicht nur Gedanken über Motive machen, sondern Sie müssen auch etwas tun, das Ihr Gegenüber in seine Schranken weist. Denn nur so steuern Sie weiter auf Ihr Ziel zu. Voraussetzung für eine gute Verteidigung ist, wie oben geschildert, das Motiv des Angriffs zu durchschauen. Jetzt haben Sie die Wahl: Gegenangriff, etwas Verständnis zeigen und weitermachen – oder auf Ihren Gesprächspartner eingehen und ihm in den Punkten entgegenkommen, in denen seine Ängste am größten sind.

Wenn Sie ein echtes Ziel verfolgen und eine Veränderung für sich herbeiführen wollen, empfehlen wir, auf das Gegenüber einzugehen und eine kooperative

Lösung zu suchen. Wie das geht, haben wir oben geschildert. Wenn Sie jedoch einfach nur Ihre Selbstsicherheit trainieren möchten und keine Lust haben, sich immer wieder vorführen zu lassen, kann es auch Sinn machen, zum Gegenangriff zu blasen. Die Strategie des schnellen Gegenangriffs kann auch in Gruppen sinnvoll sein, wenn Sie dort einen Störer vorfinden, den Sie ruhigstellen möchten.

Für den Gegenangriff gibt es verschiedene Möglichkeiten. Vielfach bringt man sein Gegenüber aus dem Konzept, wenn man einfach ein paar Fragen stellt. Das bietet sich besonders für den häufig benutzten Angriff »Du hast ja keine Ahnung« an. Parieren Sie locker mit der Entgegnung: »Dann erkläre es mir doch einfach mal.«

Den Klassiker »Typisch Frau« entkräften Sie mit der eloquenten Rückfrage: »Dann erklär mir doch mal, was eine Frau typischerweise so alles (falsch) macht.« Gerade die Frage nach Details nimmt einem forschen Angreifer schnell den Wind aus den Segeln.

Auch vorgeschobene Argumente kann man leicht entkräften, indem man sie hinterfragt. »Die Ostsee ist mir zu weit« wirft Ihre Frage auf: »Was ist dir daran genau zu weit? Die Zeit im Auto, die reine Entfernung, der zusätzlich verbrauchte Sprit?« Ihr Gesprächspartner muss bei einer solchen Frage auf Ihre Argumente eingehen. Sie locken ihn von seiner sehr allgemeinen und oberflächlichen Betrachtung des Problems auf die Detailebene. Dort sind Sie wahrscheinlich überlegen, können Argumente hinterfragen und neue Lösungen suchen.

Wenn Sie mit einer solchen Technik auf den Angriff oder die Ablehnung reagieren, merken Sie schnell, wie sich das Blatt wendet. Sie kommen von der Defensive rasch in die Offensive, Ihre Unsicherheit und Angst werden schwinden, Sie werden handlungsfähig und können Ihre eigenen Ziele nun überzeugend vertreten und durchsetzen.

➜ *WISSENSWERTES*

Angriff und Verteidigung sind ein Erbe aus unserer Vergangenheit, dem wir immer noch verhaftet sind. Bei zwei selbstbewussten Gesprächspartnern stellt das kein Problem dar, weil sich beide Partner oder Parteien nach der ersten Phase des »Beschnupperns« schnell anerkennen und von allein auf die Sachebene zurückfinden. Kritisch wird es, wenn Sie nur über wenig Selbstsicherheit verfügen. Dann stellen Sie eine leichte Beute für dominante und machthungrige Menschen dar. Diese werden nicht zulassen, dass Sie Ihre Ziele erreichen.

Den entscheidenden Moment bildet stets Ihre erste Reaktion auf den Angriff. Wenn Sie sich hier im Griff haben und den Angriff kontern, wird das übrige Gespräch meist zu Ihren Gunsten verlaufen. Doch wenn Sie in diesem alles entscheidenden Moment zurückweichen, Unsicherheiten zeigen und nichts entgegnen können, werden Sie verlieren. Wir verwenden die Begriffe »gewinnen« und »verlieren« hier ganz bewusst, denn diese Auseinandersetzungen laufen ab wie ein kleiner Kampf, bei dem es oft um weit mehr als die Sache geht. Selbst bei schwierigen geschäftlichen Verhandlungen, an denen oft hartgesottene Profis teilnehmen, werden erst die Kräfte gemessen, bevor man Lösungen sucht. Und Schwäche ist auch in solchen Situationen nicht hilfreich.

Erfolgreiches Selbstmanagement

Sie werden sich vielleicht fragen, wie Sie das alles hinbekommen sollen: zu einer Autoritätsperson gehen, ihr ein kritisches Anliegen vortragen, mit einem persönlichen Angriff abgewiesen werden, das Motiv durchschauen, gekonnt kontern und die Person für sich gewinnen sowie eine gute Lösung suchen. Es ist klar, dass ein solches Verhalten nicht von einer Minute auf die andere erlernt werden kann, besonders wenn Sie sich bisher vielleicht meist mit gesenktem Kopf und dünner, brüchiger und leiser Stimme in Ihr Schicksal gefügt haben. Das gehört jetzt jedoch der Vergangenheit an! Die gute Botschaft ist, dass jeder Mensch lernen kann, sich selbstsicher zu verhalten.

Um wirklich selbstsicher zu werden, brauchen Sie natürlich Übung. Also gilt auch hier: Suchen Sie Gelegenheiten, in denen das möglich ist. Lassen Sie sich in Zukunft auf Streitgespräche ein, mischen Sie sich in die Diskussionen in der Öffentlichkeit mit ein – auch wenn Sie das Thema überhaupt nicht interessiert. Sie müssen lernen, sich zu äußern, Ihre Kräfte einzuschätzen und mit anderen Menschen umzugehen. Behalten Sie in solchen Situationen stets Ihren äußeren Beobachter bei, damit Sie die Möglichkeit erhalten, aus Ihren Erfahrungen zu lernen.

Doch was tun, wenn es schnell gehen muss, zum Beispiel weil der Gang zum Direktor ansteht oder man weiß, dass schon am gleichen Abend das Krisengespräch zum Thema Ostsee stattfinden wird? Hier gibt es eine sehr wirksame Mentaltechnik, die sich auch gut für den Hausgebrauch eignet.

Gehen Sie vor einer kritischen Situation folgendermaßen vor:

1. Nehmen Sie sich ein paar Minuten Zeit. Setzten Sie sich an einen ruhigen Platz und forschen Sie in Gedanken nach einer Situation in Ihrem Leben, in der Sie sich stark, selbstsicher und souverän gefühlt haben. Diese Situation darf ruhig einige Zeit zurückliegen. Zudem braucht sie nicht im Zusammenhang mit Ihrer aktuellen schwierigen Situation zu stehen. Vielleicht haben Sie in der Schulzeit ja mal im Sport etwas gewonnen oder ein anderes Erfolgserlebnis für sich verbuchen können.

2. Schließen Sie jetzt die Augen und stellen Sie sich Ihre Erfolgssituation vor. Erleben Sie sie. Erinnern Sie sich dabei auch an die Gefühle, die Sie dabei empfanden. Erleben Sie diese Gefühle jetzt wieder. Dazu reichen schon drei bis fünf Minuten.

3. Merken Sie sich ein Ankerbild aus dieser Situation. Das kann der Moment sein, als Sie auf dem Siegertreppchen standen und das Publikum klatschte. Oder als Ihr Mathelehrer Sie vor versammelter Klasse lobte.

4. Im Anschluss gehen Sie zu Ihrem Termin. Denken Sie auf dem Weg dorthin möglichst an etwas ganz anderes. An Ihren letzten Kinofilm, das vergangene Wochenende oder einen Einkaufsbummel mit Ihrer besten Freundin.

5. Während Sie im Vorzimmer warten, dass Sie hereingebeten werden, rufen Sie nun Ihr Zielbild auf. Schauen Sie es sich genau an und holen Sie auch die Gefühle heran, die damit verbunden sind.

6. Gehen Sie jetzt mit Ihrem Zielbild und dem positiven Gefühl daraus in das Gespräch.

Was passiert? Wenn wir ein tolles Erlebnis haben, geht es uns so richtig gut. Der Körper schüttet Glückshormone aus, wir lachen und sind fröhlich. Die körperliche Reaktion auf das Erlebnis wird dabei durch unser Unterbewusstsein gesteuert. Unser Gehirn speichert das Erlebnis nun als Bild in uns ab. Wenn wir später an die Begebenheit denken, ruft unser Gehirn das abgespeicherte Bild wieder auf.

Wir sehen uns selbst dabei wie im Fernsehen und wissen natürlich, dass das Erlebnis in der Vergangenheit liegt. Doch unser Unterbewusstsein weiß es nicht. Es kann nicht zwischen Vergangenheit und Gegenwart unterscheiden. Also wird es dieselben Gefühle aufrufen, die wir damals empfunden haben. Wir spüren Freude, die Glückshormone fließen, obwohl wir nur auf dem Sofa sitzen. Genauso funktioniert es auch mit negativen Erlebnissen. Sie liegen als Referenzerfahrung in uns vor und warten nur darauf, aus dem Unterbewusstsein abgerufen zu werden.

> **➡ TIPP**
>
> *Sammeln Sie Ihre positiven Erfahrungen. Tragen Sie jeden Tag in Ihr Tagebuch ein, in welcher Situation Sie sich selbstbewusst verhalten haben. Dies können Sie länger als eine Woche durchführen. Werten Sie alle ein bis zwei Wochen Ihr Verhalten aus. Wo waren Sie erfolgreich, wo fehlt noch etwas? Bauen Sie Ihre Erfolge weiter aus und setzen Sie Ihre neu gewonnenen Fähigkeiten so oft ein, wie Sie das können.*

Dieser Mechanismus funktioniert auch in der Zukunft. Das bedeutet, wenn wir an ein wichtiges bevorstehendes Treffen oder etwas Ähnliches, das uns Angst bereitet, denken, sucht unser Unterbewusstes eine negative Erinnerung aus der Vergangenheit, die dazu passt, und schickt sie uns. Das Bewusstsein überträgt dieses Bild in die Gegenwart und reagiert darauf. Wir fühlen uns schlecht und bekommen weiche Knie, obwohl das Treffen noch weit vor uns liegt. Das Bild setzt sich dann in uns fest, und wenn wir unserem Gesprächspartner endlich gegenüberstehen, wissen wir sowieso schon, dass wir in der Diskussion den Kürzeren ziehen werden. Wir fühlen und verhalten uns wieder wie die kleine ängstliche Maus, der es an Selbstsicherheit fehlt.

Genau hier setzt die Übung an. Sie schickt uns ein starkes Bild. Wir fühlen uns souverän und selbstsicher. Mit diesem Gefühl betreten wir den Raum und werden uns völlig anders verhalten, als wenn wir unser Schwächebild mit uns führen. Probieren Sie es aus! Es funktioniert und wird mit jedem Mal besser und schneller klappen.

Auch wenn wir bewusst nichts tun, arbeitet unser Unterbewusstsein mit solchen Bildern. Nur werden sie dann zufällig ausgewählt und beeinflussen uns vielleicht negativ oder hindern uns an unserem Erfolg. Daher empfehlen wir, Ihre Gedanken und Gefühle auf diese Weise zu kontrollieren und sich stets mit stärkenden Ressourcen zu versorgen.

Kontakt aufnehmen

Sie haben jetzt eine Menge über Vermeidungsstrategien gelernt. Sie können Angriffe abwehren, sich durchsetzen und wissen vielleicht auch, welche Ziele Sie erreichen möchten. Was jetzt nur noch fehlt, ist die Fähigkeit, aktiv auf andere Menschen zuzugehen und zu diesen Kontakt aufzunehmen oder mit ihnen ins Gespräch zu kommen. Doch viele Menschen tun sich schwer damit, einfach so auf andere zuzugehen und sich mit ihnen zu unterhalten. Dabei ist der lockere Smalltalk eine einfache Übung, sein Selbstbewusstsein zu stärken und seine eigenen Unsicherheiten im Umgang mit anderen Menschen abzubauen.

Gelegenheiten zum Üben gibt es gerade beim Smalltalk viele. Beim Bäcker, in der Schlange im Supermarkt, beim Arzt oder Friseur, im Zug, in der Straßenbahn, am Spielplatz, beim Empfang, auf der Party etc. Überall sind Menschen zu finden, die sich sehr darüber freuen würden, mit anderen Menschen zu kommunizieren, dies aber nicht tun. Oft schweigt man sich an. Zumindest bei uns in den meisten Teilen Deutschlands. In Italien, Spanien oder Köln ist das nicht so. Dort spricht jeder mit jedem, eine Kontaktaufnahme geht um vieles schneller als im »kühlen« Deutschland. Für unsichere Menschen ist die hiesige Situation ein Segen, weil sie nicht gezwungen sind, aus sich herauszugehen. Doch dadurch bleiben sie unsicher, weil sie nur im Umgang mit anderen lernen, ihr selbstbewusstes Potenzial zu entdecken.

So kommen Sie mit fremden Menschen ins Gespräch:

So gelingt Smalltalk

* Beobachten Sie zuerst, mit wem Sie ein Gespräch anfangen möchten. Wollen Sie mehr über diese Person erfahren? Ist die Person offen für eine Kontaktaufnahme oder liest sie gerade? Auch

> ➡ *TIPP*
>
> *Beobachten Sie einmal Kinder auf dem Spielplatz. Hier können Sie feststellen, dass Smalltalk und Kommunikation mit Fremden durchaus zu unserem ursprünglichen Verhalten zählt. Kinder sprechen ohne Scheu oder Hemmungen andere an, leihen sich Spielzeug aus, sagen aber auch mal laut Nein, wenn ihre Grenzen verletzt werden. Sie tun all das, was vielen Erwachsenen schwerfällt. Nehmen Sie sich ein Beispiel am kindlichen Verhalten und versuchen Sie, künftig ebenso unbefangen mit anderen in Kontakt zu treten.*

Gruppen, die in ein angeregtes Gespräch vertieft sind, haben oft keine Lust, von außen angesprochen zu werden.

✳ Nehmen Sie zuerst Blickkontakt auf und lächeln Sie freundlich. Wird der Blick erwidert, können Sie die Person ansprechen.

✳ Legen Sie sich ein unverbindliches Thema für die erste Ansprache zurecht. »Kaufen Sie häufiger hier ein?« oder »Wie ich sehe, kaufen Sie auch die neue Wurst aus der Werbung ein. Wie schmeckt sie Ihnen denn?« – solche Fragen eignen sich genauso gut wie der Einstieg über das Wetter.

✳ Führen Sie das Gespräch weiter, indem Sie vor allem Fragen stellen und versuchen, etwas über den anderen zu erfahren. Die meisten Menschen erzählen lieber etwas, als dass sie zuhören. Wenn Sie selbst beim ersten Kontakt in einen Monolog verfallen, ist das der sicherste Gesprächskiller. Sagen Sie aber auch etwas, wenn der andere Fragen stellt. Menschen, die selbst den Mund nicht aufbekommen, werden den Kontakt sehr schnell abwürgen.

✳ Halten Sie sich auf dem Laufenden mit interessanten Smalltalk-Themen. Lesen Sie dafür die Zeitung, verfolgen Sie aktuelle Themen, hören Sie zu, wenn andere etwas erzählen. Gute Witzeerzähler erfahren alle ihre Witze von anderen Menschen. Ihr Talent besteht vor allem darin, die Witze im Gedächtnis zu behalten und im passenden Moment zu erzählen.

✳ Halten Sie im Gespräch den Blickkontakt. Wirken Sie auch über Ihre Körpersprache sicher und selbstbewusst, so wie wir das oben geschildert haben. Das macht Sie interessant.

Smalltalk ist eine Schlüsselfähigkeit, mit der Sie viel erreichen können. Außerdem können Sie damit testen, wie gut sich Ihr Selbstbewusstsein bereits entwickelt hat. Können Sie locker auf jeden Menschen zugehen, der Sie interessiert? Oder gibt es noch Hemmungen bei bestimmten Menschen? Woran liegt es? Wenn Sie die Gründe herausfinden, dann können Sie Ihr Verhalten auch ändern. Diese Technik haben Sie in diesem Buch bereits erfahren und sie wird Ihnen auch beim Smalltalk sehr nützlich sein.

ZU GUTER LETZT

Hier sind wir am Ende dieses Buches angelangt. Sie haben vieles darüber erfahren, woher Selbstbewusstsein kommt, welche Muster in uns arbeiten und wie wir unser Verhalten ändern können. Jetzt kommt das Umsetzen. Deshalb empfehlen wir Ihnen: Starten Sie jetzt! Erfolg kommt vom Tun. Sie müssen raus und sich erproben. Überschreiten Sie bewusst Ihre Grenzen. Begeben Sie sich in Situationen, die Sie fordern. Melden Sie sich auf der Elternversammlung zu Wort. Beim ersten Mal werden Sie vermutlich fast sterben, wenn Sie das ausprobieren. Doch Sie lernen daraus. Sie lernen im Endeffekt, dass Sie überleben. Und dass Ihre Bekannten Sie danach noch genauso wertschätzen. Dass sich eigentlich überhaupt nichts geändert hat.

Dann kommt Stufe zwei. Setzen Sie sich Konflikten aus. Suchen Sie bewusst schwierige Situationen. Probieren Sie aus, was passiert, wenn Sie einer Autoritätsperson zum ersten Mal widersprechen. Auch hier werden Sie zu Ihrem Erstaunen feststellen, dass Sie lebend und unversehrt nach Hause kommen.

Also können Sie die dritte Stufe in Angriff nehmen. Irgendwann werden Sie über Ihre alten Ängste lachen. Sie werden kaum glauben können, dass Sie früher einmal Hemmungen hatten, bei der Elternversammlung aufzustehen und dem Lehrer zu widersprechen. Sie sind selbstbewusst geworden. Jeder Mensch kann diesen Prozess durchlaufen. Niemand ist zum Mauerblümchen geboren. Das bedeutet, wirklich jeder kann seine alten Beschränkungen ablegen und seine Potenziale leben. Sie müssen es nur tun. Dabei wünschen wir Ihnen viel Erfolg!

Ihre
Caroline Krüll und Christian Schmid-Egger

Register

Berckhan, Barbara: Einfach selbstsicher! GRÄFE UND UNZER VERLAG, München

Collett, Peter: Ich sehe was, was du nicht sagst. So deuten Sie die Gesten der anderen – und wissen, was diese wirklich denken. Bastei Lübbe, Bergisch Gladbach

Gladwell, Malcolm: Überflieger. Warum manche Menschen erfolgreich sind – und andere nicht. Campus Verlag, Frankfurt/New York

Haasen, Gisela: Selbstcoaching für Frauen. Wie Sie sich in schlechten Zeiten motivieren. Kösel Verlag, München

Härter, Gitte/Öttl, Christine: Schlagfertig. Schnell und souverän kontern. Heikle Situationen meistern. GRÄFE UND UNZER VERLAG, München

Havener, Thorsten: Ich weiß, was du denkst. Rowohlt Verlag, Reinbek

Hinderberger, Sylvie: Frauenpower für Powerfrauen. Der beste Weg zu mehr Glück, Erfolg und Selbstbewusstsein. Südwest Verlag, München

Jacobsen, Olaf: Ich stehe nicht mehr zur Verfügung. Windpferd Verlag, Aitrang

Katzengruber, Werner: Einfach erfolgreich. GRÄFE UND UNZER VERLAG, München

Krüll, Caroline: Small Talk. Reden Sie sich zum Erfolg. Beck Verlag, München

Maschwitz, Rüdiger: Kooperiere mit dem Unvermeidbaren. Das Geheimnis gelassener Menschen. Kösel Verlag, München

Matschnig, Monika: Körpersprache. Verräterische Gesten und wirkungsvolle Signale. GRÄFE UND UNZER VERLAG, München

Matschnig, Monika: Mehr Mut zum Ich. Sei du selbst und lebe glücklicher. GRÄFE UND UNZER VERLAG, München

Münchhausen, Dr. Marco von/Püschel, Ingo P.: Alltag im Griff mit dem inneren Schweinehund. GRÄFE UND UNZER VERLAG, München

Nussbaum, Cordula: Familien-Alltag sicher im Griff. So meistern Sie das tägliche Chaos gelassen und souverän. GRÄFE UND UNZER VERLAG, München

Öttl, Christine/Härter, Gitte: Selbst-Marketing. Zeigen Sie, was in Ihnen steckt. GRÄFE UND UNZER VERLAG, München

Rensch-Bergner, Meike: Alltagsprofi, Weekenddiva. Clevere Tipps für tolle Frauen. GRÄFE UND UNZER VERLAG, München

Schächtele, Petra: Mehr Schlagfertigkeit! 111 Antworten und Übungen. GRÄFE UND UNZER VERLAG, München

Schmid-Egger, Christian/Krüll, Caroline: Netzwerken mit Xing und Co. Beck Verlag, München

Seiwert, Lothar/Gay, Friedbert: Das neue 1 × 1 der Persönlichkeit. GRÄFE UND UNZER VERLAG, München

Winget, Larry: Halt den Mund, hör auf zu heulen und lebe endlich. Wilhelm Heyne Verlag, München

Mehr Glück und Erfolg

GU Lebenshilfe – damit Sie sich rundum wohlfühlen

ISBN 978-3-8338-0789-3
192 Seiten

ISBN 978-3-8338-1601-7
144 Seiten | plus DVD

ISBN 978-3-7742-6161-7
96 Seiten

ISBN 978-3-7742-6676-6
128 Seiten

ISBN 978-3-8338-0872-2
160 Seiten

ISBN 978-3-8338-1752-6
256 Seiten

Änderungen und Irrtum vorbehalten.

Bücher für alle Fragen des Lebens:

Bestens informiert – erfahrene Autoren geben Rat

Verlässlich – aktuelle Themen auf den Punkt gebracht

Üben und lernen – hilfreiche Tests und Tipps

Willkommen im Leben.

Impressum

© 2009 GRÄFE UND UNZER
VERLAG GmbH, München.

Redaktion: Petra Brumshagen
Bildredaktion: Petra Ender
Lektorat: boos for books,
Evelyn Boos, Schondorf am
Ammersee
Umschlag und Innenlayout:
independent Medien-Design
Herstellung: Claudia Labahn
Satz: Uhl + Massopust, Aalen
Repro: Wahl Media GmbH,
München
Druck und Bindung: Printer,
Trento

ISBN 978-3-8338-1826-4

1. Auflage 2009

Umwelthinweis

Dieses Buch wurde auf chlorfrei
gebleichtem Papier gedruckt.
Um Rohstoffe zu sparen, haben
wir auf Folienverpackung ver-
zichtet.

Bildnachweis

Kay Blaschke, München: S. 74;
Corbis: S. 11, 19 links, 66, 89;
Mauritius: 65, 109; Gabriela
Neeb, München: Cover; Frank
Wiemers, Berlin: Autorenfotos;
alle anderen Bilder von Getty
Images

Die GU-Homepage finden Sie
unter www.gu-online.de

Ein Unternehmen der
GANSKE VERLAGSGRUPPE

Wichtiger Hinweis

Unsere Garantie

Alle Informationen in diesem Ratgeber
sind sorgfältig und gewissenhaft
geprüft. Sollte dennoch einmal ein
Fehler enthalten sein, schicken Sie
uns das Buch mit dem entsprechenden
Hinweis an unseren Leserservice
zurück. Wir tauschen Ihnen den GU-
Ratgeber gegen einen anderen zum
gleichen oder ähnlichen Thema um.

Liebe Leserin und lieber Leser,

wir freuen uns, dass Sie sich für ein
GU-Buch entschieden haben. Mit
Ihrem Kauf setzen Sie auf die Qualität, Kompetenz und Aktualität unserer
Ratgeber. Dafür sagen wir Danke! Wir
wollen als führender Ratgeberverlag
noch besser werden. Daher ist uns
Ihre Meinung wichtig. Bitte senden Sie
uns Ihre Anregungen, Ihre Kritik oder
Ihr Lob zu unseren Büchern. Haben
Sie Fragen oder benötigen Sie weiteren Rat zum Thema? Wir freuen uns
auf Ihre Nachricht!

Wir sind für Sie da!
Montag –Donnerstag: 8.00–18.00
Uhr;
Freitag: 8.00–16.00 Uhr
Tel.: 0180-5 00 50 54*   *(0,14 €/Min. aus
Fax: 0180-5 01 20 54*   dem dt. Festnetz/
                        Mobilfunkpreise
E-Mail: können abweichen.)
leserservice@graefe-und-unzer.de

P.S.: Wollen Sie noch mehr Aktuelles
von GU wissen, dann abonnieren Sie
doch unseren kostenlosen GU-Online-
Newsletter und/oder unsere kostenlosen Kundenmagazine.

GRÄFE UND UNZER VERLAG
Leserservice
Postfach 86 03 13
81630 München